减税降费
政策解析与实操

"减税降费"课题组 组织编写

中国财经出版传媒集团
中国财政经济出版社

图书在版编目（CIP）数据

减税降费政策解析与实操／"减税降费"课题组组织编写．—北京：中国财政经济出版社，2019.4

ISBN 978－7－5095－8946－5

Ⅰ.①减… Ⅱ.①减… Ⅲ.①减税－税收政策－中国 Ⅳ.①F812.422

中国版本图书馆 CIP 数据核字（2019）第 061076 号

责任编辑：钱红叶　　　　　　　　责任校对：唐　堂
封面设计：北京兰卡绘世

中国财政经济出版社 出版

URL: http://www.cfeph.cn
E-mail: cfeph@cfeph.cn

（版权所有　翻印必究）

社址：北京市海淀区阜成路甲 28 号　邮政编码：100142
营销中心电话：010－88191537
北京富生印刷厂印刷　各地新华书店经销
710×1000 毫米　16 开　12.5 印张　181 000 字
2019 年 4 月第 1 版　2019 年 7 月北京第 4 次印刷
定价：49.00 元
ISBN 978－7－5095－8946－5
（图书出现印装问题，本社负责调换）
质量投诉电话：010－88190744
打击盗版举报热线：010－88191661　QQ：2242791300

前言 FOREWORD

"法与时转则治,治与世宜则有功。"2018年以来,下调增值税税率、加大所得税优惠、上调个税起征点的同时增加专项附加扣除……,一系列减税降费政策已密集实施,特别是深化增值税改革和个税法修订,被视为税制改革的重大跨越,全国企业和个人减负总规模超过预计的1.1万亿元,达到1.3万多亿元,减税效果明显。由于我国税制改革还处在不断推进的阶段,为企业谋取减税红利仍然任务艰巨。因此,进入2019年,减税降费力度不仅没有告一段落,而是随着新一年的开始又开启了新的篇章。

为继续把减税降费工作推向深入,为把减税降费这件大事切切实实办好,为满足各级领导干部领会中央精神、把握方向之需,为满足税务干部的培训学习、操作落实之需,为满足对纳税人的宣传辅导、测算评估之需,为更好地发挥税收服务经济发展的作用,我们特组织编写本书。

本书以新形势下税收工作主题为中心,以提升政策理论素养和业务操作能力为目标,注重系统性、准确性,突出操作性、适应性、时效性。

全书共分五章。第一章增值税,第二章企业所得税,第三章个人所得税,第四章地方税种及附加,第五章非税收入;同时,本书增设两项附录,分别是"'减税降费'大事记"和"'减税降费'政策与实操图解"。

本书具有以下特点:一是全面系统。涵盖了2018年以来先后出台的各类税种减税降费政策,既有理论基础方面的指示要求,也有实践操作方面的分税种具体政策导读,不仅对具体政策进行了深入细致的归纳解析,也对减税降费决策部署的大要事节点进行了简明扼要的清晰梳理;二是适用实用。本书内容具有较强的针对性和可操作性,不仅适应各级领导干部把握形势加强督导的工作需要,也适应税务干部准确全面掌握减税降费的工作要求。同时,对一些具有共性的疑难问题也进行了解答,较好地起到了解疑答惑作用。三是政策最新。本书引用的法律法规文件截止时间为 2019 年 4 月 1 日,确保读者掌握最新的减税降费政策。

由于水平所限,疏漏之处在所难免,恳请读者批评指正。

本书课题组

2019 年 4 月 1 日

导论 INSTRUCTION

实施大规模减税降费，是党中央应对复杂经济形势、深化供给侧结构性改革作出的重大决策部署，对于减轻企业负担、激发微观主体活力，提振各方信心、稳定市场预期、促进经济持续健康发展和社会大局稳定，意义重大。财政、税务、人力资源和社会保障等部门需统一思想认识，压实责任任务，细化实化举措，扎扎实实做好各项工作，确保大规模减税降费政策落地见效，让企业和人民群众有实实在在的获得感、幸福感。

一、提高政治站位，增强做好减税降费工作的政治自觉、思想自觉

2018年以来，习近平总书记就实施大规模减税降费政策作出了一系列重要指示批示。中央经济工作会议对减税降费作了明确部署。2019年全国两会期间，李克强总理在《政府工作报告》中提出实施更大规模减税降费具体措施。各级政府部门要从政治和全局的高度出发，充分认识大规模减税降费是深化供给侧结构性改革的重要举措及其对减轻企业负担、激发微观主体活力的重要作用；充分认识大规模减税降费对稳定市场预期、促进经济增长的重要意义；充分认识大规模减税降费是实施积极财政政策加力提效的重要内容。要把认真落实减税降费政策作为政治责任、领导责任、工作责任，作为政治纪律和政治规矩来严格遵守，在认真学习、深刻领会、狠抓落实上下功夫。

按照党中央、国务院的决策部署，2019年要实施更大规模的减税降费政策，普惠性减税与结构性减税并举，重点降低制造业和小微企业税收负担，支持实体经济发展。目前，主要减税政策已全部出台，更明显的降费措施已基本明晰。各级政府部门、财税工作者都应深入学习，准确把握政策的内涵。一是对小微企业实施普惠性税收减免。二是全面实施修改后的个人所得税法，落实

6项专项附加扣除政策，减轻居民税收负担。三是深化增值税改革。自2019年4月1日起，将制造业等行业现行16%的税率降至13%，将交通运输业、建筑业等行业现行10%的税率降至9%。同时出台相应的深化增值税改革配套举措，进一步扩大进项税抵扣范围，将旅客运输服务纳入抵扣，并把纳税人取得不动产支付的进项税由分两年抵扣改为一次性全额抵扣，增加纳税人当期可抵扣进项税。对主营业务为邮政、电信、现代服务和生活服务业的纳税人，按进项税额加计10%抵减应纳税额，政策实施期限暂定截至2021年底。对政策实施后纳税人新增的留抵税额，按有关规定予以退还。相应调整部分货物服务出口退税率、购进农产品适用的扣除率等。四是明显降低社会保险费的负担。自2019年5月1日起下调城镇职工基本养老保险单位缴费比例，各地可降至16%。继续执行阶段性降低失业和工伤保险费率政策，使企业特别是小微企业社保缴费负担有实质性下降。

从长期看，实施大规模减税降费政策，着眼于"放水养鱼"，增强发展后劲，对促进经济增长、涵养税源以及高质量可持续财政具有重大的意义。降低企业税费负担，能够持续激发市场主体活力，增强企业发展的信心和抗风险能力，推动产业发展，是完善税制、优化收入分配格局的重要改革，是宏观政策支持稳增长、保就业、调结构的重大抉择。政府部门要坚持算政治账、全局账、长远账，全面扎实地组织实施，确保这一系列利国利民利企的措施落到实处，见到实效，让企业轻装上阵谋发展，让群众得到真金白银的实惠。

二、确保政策落地，增强做好减税降费工作的责任自觉、行动自觉

贯彻落实好党中央、国务院的决策部署，实施大规模减税降费，是当前财税工作的头等大事。财税等政府部门必须迅速行动起来，形成上下联动、内外互动、协同并进的工作格局。要建立完善机制、狠抓落实、同向发力，确保国家出台的减税降费政策实打实、硬碰硬地迅速落地生根。从讲政治的高度，从保持经济持续健康发展和社会大局稳定的高度，进一步增强落实好减税降费措施的政治责任感和工作主动性，确保各项政策措施不折不扣落实到位。切实加强组织领导，坚持一把手负总责，明确责任分工，梳理任务清单，紧扣时间节

点，对标对表加以推进。确立更高的思想认识标准、政策落实标准、征管核算标准、服务宣传标准、督查督办标准，按照简明易行好操作的要求，细化实化操作办法，增强工作的科学性、针对性、实效性。

税务部门从最大限度便利纳税人的角度出发，推出了一系列简化申报流程、提高办税效率的举措，力求以更多的办税便利促进纳税人更好享受减税降费改革红利。优化办税服务，紧扣纳税人诉求，回应纳税人关切。各级税务机关要结合当地实际，对纳税人进行全覆盖、分阶段、强重点的政策培训和有针对性的操作培训，特别是做好新旧政策衔接的辅导工作，帮助纳税人准确适用政策，确保改革平稳有序实施。

强化舆论宣传解读，有效引导市场主体和社会预期。此次减税降费涉及范围广、力度大、内容实、影响深远。按照中央的决策部署要求，要进一步创新宣传方式，统一宣传口径，加大宣传力度，开展多渠道、广覆盖的减税降费政策宣传解读。充分运用各种宣传渠道解读宣传减税降费政策，切实提高公众对政策的知晓度。畅通咨询渠道，帮助市场主体掌握政策、用好政策，使市场主体真正感受到政策的红利和政府机关良好的服务。

三、本书主旨与结构

本书在宣传最新减税降费政策的同时，强调实操性，旨在为广大纳税人、各级税务机关以及社会各界学习、执行减税降费政策提供一些有益帮助。全书以税种为章节，介绍并解读增值税、企业所得税、个人所得税及地方税费的最新政策，并以问答的形式对实际工作中的操作问题进行解答。在附录部分，本书还提供了"'减税降费'大事记""'减税降费'政策与实操图解"两个实时更新的线上模块，读者可以通过手机扫码获取关于减税降费的最新信息和相关解读。

目录 CONEENTS

第一章	增值税	1
第一节	小微企业普惠性增值税优惠政策	2
第二节	深化增值税改革有关政策	8
第三节	其他增值税优惠政策	16
第四节	实操问答	23

第二章	企业所得税	57
第一节	居民企业税收优惠	58
第二节	非居民企业所得税税收优惠	90
第三节	实操问答	102

第三章	个人所得税	111
第一节	个人所得税减税降费政策	112
第二节	实操问答	118

第四章	地方税种及附加	161
第一节	小微企业普惠性税收优惠	162
第二节	支持和促进重点群体创业就业	167
第三节	城镇土地使用税	170

第四节　房产税　　173
　　第五节　印花税　　175
　　第六节　契税　　177
　　第七节　土地增值税　　180
　　第八节　教育费附加、地方教育附加　　182
　　第九节　其他相关减税政策　　183

第五章　非税收入　　185

附　录　　189
　　附录一　"减税降费"大事记　　189
　　附录二　"减税降费"政策与实操图解　　189

第一章 增值税

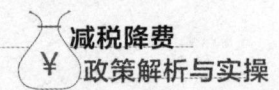

第一节　小微企业普惠性增值税优惠政策

一、小规模纳税人免征增值税

（一）政策依据

（1）《财政部　国家税务总局　关于实施小微企业普惠性税收减免政策的通知》（财税〔2019〕13号）

（2）《国家税务总局　关于小规模纳税人免征增值税政策有关征管问题的公告》（国家税务总局公告2019年第4号）

（二）主要内容

（1）2019年1月1日至2021年12月31日，小规模纳税人发生增值税应税销售行为，合计月销售额未超过10万元（以1个季度为1个纳税期的，季度销售额未超过30万元，下同）的，免征增值税。

小规模纳税人发生增值税应税销售行为，合计月销售额超过10万元，但扣除本期发生的销售不动产的销售额后未超过10万元的，其销售货物、劳务、服务、无形资产取得的销售额免征增值税。

（2）适用增值税差额征税政策的小规模纳税人，以差额后的销售额确定是否可以享受免征增值税政策。

《增值税纳税申报表（小规模纳税人适用）》中的"免税销售额"相关栏

次，填写差额后的销售额。

（3）按固定期限纳税的小规模纳税人可以选择以1个月或1个季度为纳税期限，一经选择，一个会计年度内不得变更。

（4）《中华人民共和国增值税暂行条例实施细则》第九条所称的其他个人，采取一次性收取租金形式出租不动产取得的租金收入，可在对应的租赁期内平均分摊，分摊后的月租金收入未超过10万元的，免征增值税。

（5）按照现行规定应当预缴增值税税款的小规模纳税人，凡在预缴地实现的月销售额未超过10万元的，当期无须预缴税款。公告下发前已预缴税款的，可以向预缴地主管税务机关申请退还。

（6）小规模纳税人月销售额未超过10万元的，当期因开具增值税专用发票已经缴纳的税款，在增值税专用发票全部联次追回或者按规定开具红字专用发票后，可以向主管税务机关申请退还。

（三）政策解析

2019年1月9日国务院常务会议决定，将增值税小规模纳税人免税标准由月销售额3万元提高到10万元。为确保该项优惠政策顺利实施，税务总局制发公告，就若干征管问题进行了明确。具体包括：

1. 关于月（季）销售额的执行口径

明确纳税人以所有增值税应税销售行为（包括销售货物、劳务、服务、无形资产和不动产）合并计算销售额，判断是否达到免税标准。同时，小规模纳税人在扣除本期发生的销售不动产的销售额后仍未超过10万元的，其销售货物、劳务、服务、无形资产取得的销售额，可享受小规模纳税人免税政策。

例1-1 A小规模纳税人2019年1月销售货物4万元，提供服务3万元，销售不动产2万元。合计销售额为9（=4+3+2）万元，未超过10万元免税标准，因此，该纳税人销售货物、服务和不动产取得的销售额9万元，可享受小规模纳税人免税政策。

例1-2 A小规模纳税人2019年1月销售货物4万元，提供服务3万元,销售不动产10万元。合计销售额为17(=4+3+10)万元,剔除销售不动产后的销售额为7(=4+3)万元,因此,该纳税人销售货物和服务相对应的销售额7万元可以享受小规模纳税人免税政策,销售不动产10万元应照章纳税。

2. 差额征税政策适用问题

营改增以来,延续了营业税的一些差额征税政策。比如,建筑业小规模纳税人,以取得的全部价款和价外费用扣除对外支付的分包款后的余额为销售额,计算缴纳增值税。公告明确适用增值税差额征税政策的,以差额后的余额为销售额,确定其是否可享受小规模纳税人免税政策。同时,明确了小规模纳税人《增值税纳税申报表》中"免税销售额"的填报口径。

例1-3 2019年1月,某建筑业小规模纳税人(按月纳税)取得建筑服务收入20万元,同时向其他建筑企业支付分包款12万元,则该小规模纳税人当月扣除分包款后的销售额为8万元,未超过10万元免税标准,因此,当月可享受小规模纳税人免税政策。

3. 关于小规模纳税人纳税期的选择

小规模纳税人,纳税期限不同,其享受免税政策的效果可能存在差异。

例1-4 某小规模纳税人2019年1-3月的销售额分别是5万元、11万元和12万元。如果按月纳税,则只有1月的5万元能够享受免税;如果按季纳税,由于该季度销售额为28万元,未超过免税标准,因此,28万元全部能享受免税。在这种情况下,小规模纳税人更愿意实行按季纳税。

例1-5 某小规模纳税人2019年1-3月的销售额分别是8万元、11万元和12万元,如果按月纳税,1月份的8万元能够享受免税,如果按季纳税,由于该季度销售额31万元已超过免税标准,因此,31万元均无法享受免税。在这种情况下,小规模纳税人更愿意实行按月纳税。

基于【例1-4】和【例1-5】两种情况,为确保小规模纳税人充分享受政策,公告明确,按照固定期限纳税的小规模纳税人可以根据自己的实际经营情况选择实行按月纳税或按季纳税。为确保年度内纳税人的纳税期限相对稳定,同时也明确了一经选择,一个会计年度内不得变更。

4. 其他个人出租不动产的政策适用问题

税务总局在2016年制发了23号公告和53号公告,对《中华人民共和国增值税暂行条例实施细则》第九条所称的其他个人,采取一次性收取租金(包括预收款)形式出租不动产取得的租金收入,可在对应的租赁期内平均分摊,分摊后的月租金收入不超过3万元的,可享受小规模纳税人免税政策。为确保纳税人充分享受政策,在上调免税标准至10万元后,该政策继续执行。

5. 一般纳税人转登记问题

2018年,将小规模纳税人标准统一至500万元时,允许此前按照较低标准认定(登记)的一般纳税人,在2018年年底前自愿选择转登记为小规模纳税人。此次提高增值税免税标准至10万元,相当于年销售额120万元以下的小规模纳税人都可以享受免税政策。在这种情况下,可能会有一般纳税人提出转登记为小规模纳税人,以享受免税政策的诉求。为确保纳税人充分享受税收减免政策,公告明确一般纳税人如果年销售额不超过500万元的,可在2019年度选择转登记为小规模纳税人,转登记后可享受免税政策。需要注意的是,曾在2018年选择过转登记的纳税人,在2019年仍可选择转登记;但是,2019年选择转登记的,再次登记为一般纳税人后,不得再转登记为小规模纳税人。

6. 预缴增值税政策的适用问题

现行增值税实施了若干预缴税款的征管措施,如跨地区提供建筑服务、销售不动产、出租不动产等。考虑到免税标准由3万元提高至10万元,纳税人的政策受益面和受益程度均有大幅提高,公告明确,按照现行规定应当预缴增值税税款的小规模纳税人,凡在预缴地实现的月销售额未超过10万元的,当期无须预缴税款。本公告下发前已经预缴税款的,可以向预缴地主管税务机关申请退还。

7. 关于销售不动产政策适用问题

小规模纳税人中的单位和个体工商户销售不动产,涉及纳税人在不动产所在地预缴税款的事项。增值税免税标准提高至10万元后,如果销售不动产销售额为20万元,则:(1)若某个体工商户选择按月纳税,销售不动产销售额超过月销售额10万元免税标准，则仍应在不动产所在地预缴税款；（2）若该个体工商户选择按季纳税，销售不动产销售额未超过季度销售额30万元的免税标准，则无须在不动产所在地预缴税款。因此，公告明确小规模纳税人中的单位和个体工商户销售不动产，应按其纳税期、公告第六条以及其他现行政策规定确定是否预缴增值税。

其他个人偶然发生销售不动产的行为，应当按照现行政策规定实行按次纳税。因此，公告明确其他个人销售不动产，继续按照现行政策规定免征增值税。比如，如果其他个人销售住房满2年符合免税条件的，仍可继续享受免税；如不符合免税条件，则应照章纳税。

8. 已缴纳税款并开具专用发票的处理问题

按照现行政策规定，纳税人自行开具或申请代开增值税专用发票，应就其开具的增值税专用发票相对应的应税行为计算缴纳增值税。公告明确，如果小规模纳税人月销售额未超过10万元的，当期因开具增值税专用发票已经缴纳的税款，在增值税专用发票全部联次追回或者按规定开具红字专用发票后，可以向主管税务机关申请退还已缴纳的增值税。

9. 2019年1月（季度）涉税事项的追溯适用问题

考虑到免税文件下发时间晚于免税政策开始执行的时间（2019年1月1日），为确保小规模纳税人足额享受10万元免税政策，公告对小规模纳税人2019年第一个税款所属期已缴纳税款的追溯处理问题进行了明确，即小规模纳税人2019年1月份销售额未超过10万元（第1季度未超过30万元）的，当期因代开普通发票已经缴纳的税款，可以在办理纳税申报时向主管税务机关申请退还。

10. 关于发票开具问题

为了便利纳税人开具使用发票，已经使用增值税发票管理系统开具发票的小规模纳税人，在免税标准调整后，月销售额未超过10万元的，可以继续使用现有税控设备开具发票。如果小规模纳税人已经自行开具增值税专用发票，同样可以使用现有税控设备继续开具。除上述情况和销售额标准同步调整外，小规模纳税人自行开具增值税专用发票其他事宜按照现行规定执行。

二、统一小规模纳税人标准

（一）政策依据

（1）《财政部 税务总局 关于统一增值税小规模纳税人标准的通知》（财税〔2018〕33号）

（2）《国家税务总局 关于统一小规模纳税人标准等若干增值税问题的公告》（国家税务总局公告2018年第18号）

（3）《国家税务总局 关于统一小规模纳税人标准有关出口退（免）税问题的公告》（国家税务总局公告2018年第20号）

（4）《国家税务总局 关于小规模纳税人免征增值税政策有关征管问题的公告》（国家税务总局公告2019年第4号）

（二）主要内容

（1）增值税小规模纳税人标准为年应征增值税销售额500万元及以下。

（2）转登记日前连续12个月（以1个月为1个纳税期）或者连续4个季度（以1个季度为1个纳税期）累计销售额未超过500万元的一般纳税人，在2019年12月31日前，可选择转登记为小规模纳税人。

（3）转登记纳税人在一般纳税人期间出口货物劳务、服务，继续按照现行规定申报和办理出口退（免）税相关事项。自转登记日下期起，转登记纳税人出口货物劳务、服务，适用增值税免税规定，按照现行小规模纳税人的有关规定办理增值税纳税申报。

（4）原实行免抵退税办法的转登记纳税人在一般纳税人期间出口货物劳务、服务，尚未申报抵扣的进项税额以及转登记日当期的期末留抵税额，计入"应交税费——待抵扣进项税额"，并参与免抵退税计算，上述尚未申报抵扣的进项税额应符合相关规定。原实行免退税办法的转登记纳税人在一般纳税人期间出口货物劳务、服务，尚未申报免退税的进项税额可继续申报免退税，上述尚未申报免退税的进项税额应符合相关规定。

（三）政策解析

关于一般纳税人转登记问题，见前文。

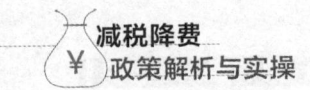

第二节 深化增值税改革有关政策

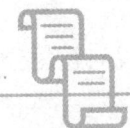

（一）政策依据

（1）《财政部 税务总局 海关总署 关于深化增值税改革有关政策的公告》（财政部 税务总局 海关总署公告 2019 年第 39 号）

（2）《国家税务总局 关于深化增值税改革有关事项的公告》（国家税务总局公告 2019 年第 14 号）

（二）主要内容

1. 降低增值税税率

（1）2019 年 4 月 1 日起，增值税一般纳税人发生增值税应税销售行为或者进口货物，原适用 16% 税率的，税率调整为 13%；原适用 10% 税率的，税率调整为 9%。

（2）2019 年 4 月 1 日起，纳税人购进农产品，原适用 10% 扣除率的，扣除率调整为 9%。纳税人购进用于生产或者委托加工 13% 税率货物的农产品，按照 10% 的扣除率计算进项税额。

（3）原适用 16% 税率且出口退税率为 16% 的出口货物劳务，出口退税率调整为 13%；原适用 10% 税率且出口退税率为 10% 的出口货物、跨境应税行为，出口退税率调整为 9%。

2019 年 6 月 30 日前（含 2019 年 4 月 1 日前），纳税人出口货物劳务、发生跨境应税行为，适用增值税免退税办法的，购进时已按调整前税率征收增值税的,执行调整前的出口退税率,购进时已按调整后税率征收增值税的,执行调整后的出口退税率;适用增值税免抵退税办法的,执行调整前的出口退税率,在计算免抵退税时,适用税率低于出口退税率的,适用税率与出口退税率之差视为零参与免抵退税计算。

出口退税率的执行时间及出口货物劳务、发生跨境应税行为的时间,按照以下规定执行:报关出口的货物劳务(保税区及经保税区出口除外),以海关出口报关单上注明的出口日期为准;非报关出口的货物劳务、跨境应税行为,以出口发票或普通发票的开具时间为准;保税区及经保税区出口的货物,以货物离境时海关出具的出境货物备案清单上注明的出口日期为准。

(4)适用13%税率的境外旅客购物离境退税物品,退税率为11%;适用9%税率的境外旅客购物离境退税物品,退税率为8%。

2019年6月30日前,按调整前税率征收增值税的,执行调整前的退税率;按调整后税率征收增值税的,执行调整后的退税率。

退税率的执行时间,以退税物品增值税普通发票的开具日期为准。

2. 不动产进项税额一次性全额抵扣

自2019年4月1日起,《营业税改征增值税试点有关事项的规定》(财税〔2016〕36号印发)第一条第(四)项第1点、第二条第(一)项第1点停止执行,纳税人取得不动产或者不动产在建工程的进项税额不再分两年抵扣。此前按照上述规定尚未抵扣完毕的待抵扣进项税额,可自2019年4月税款所属期起从销项税额中抵扣。

(1)已抵扣进项税额的不动产,发生非正常损失,或者改变用途,专用于简易计税方法计税项目、免征增值税项目、集体福利或者个人消费的,按照下列公式计算不得抵扣的进项税额,并从当期进项税额中扣减:

不得抵扣的进项税额 = 已抵扣进项税额 × 不动产净值率

不动产净值率 = (不动产净值 ÷ 不动产原值) × 100%

(2)按照规定不得抵扣进项税额的不动产,发生用途改变,用于允许抵扣进项税额项目的,按照下列公式在改变用途的次月计算可抵扣进项税额:

可抵扣进项税额 = 增值税扣税凭证注明或计算的进项税额 × 不动产净值率

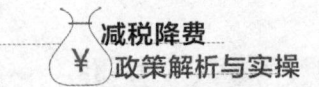

3. 国内旅客运输服务进项税额允许抵扣

2019年4月1日起,纳税人购进国内旅客运输服务,其进项税额允许从销项税额中抵扣。

(1)纳税人未取得增值税专用发票的,暂按照以下规定确定进项税额:

①取得增值税电子普通发票的,为发票上注明的税额;

②取得注明旅客身份信息的航空运输电子客票行程单的,为按照下列公式计算进项税额:

航空旅客运输进项税额=(票价+燃油附加费)÷(1+9%)×9%

③取得注明旅客身份信息的铁路车票的,按照下列公式计算的进项税额:

铁路旅客运输进项税额=票面金额÷(1+9%)×9%

④取得注明旅客身份信息的公路、水路等其他客票的,按照下列公式计算进项税额:

公路、水路等其他旅客运输进项税额=票面金额÷(1+3%)×3%

(2)《营业税改征增值税试点实施办法》(财税〔2016〕36号印发)第二十七条第(六)项和《营业税改征增值税试点有关事项的规定》(财税〔2016〕36号印发)第二条第(一)项第5点中"购进的旅客运输服务、贷款服务、餐饮服务、居民日常服务和娱乐服务"修改为"购进的贷款服务、餐饮服务、居民日常服务和娱乐服务"。

4. 生产、生活性服务业纳税人加计抵减

自2019年4月1日至2021年12月31日,允许生产、生活性服务业纳税人按照当期可抵扣进项税额加计10%,抵减应纳税额(以下称加计抵减政策)。

(1)所称生产、生活性服务业纳税人,是指提供邮政服务、电信服务、现代服务、生活服务(以下称四项服务)取得的销售额占全部销售额的比重超过50%的纳税人。四项服务的具体范围按照《销售服务、无形资产、不动产注释》(财税〔2016〕36号印发)执行。

2019年3月31日前设立的纳税人,自2018年4月至2019年3月期间的销售额(经营期不满12个月的,按照实际经营期的销售额)符合上述规定条件的，自 2019 年 4 月 1 日起适用加计抵减政策。

2019 年 4 月 1 日后设立的纳税人，自设立之日起 3 个月的销售额符合上述规定条件的，自登记为一般纳税人之日起适用加计抵减政策。

纳税人确定适用加计抵减政策后，当年内不再调整，以后年度是否适用，根据上年度销售额计算确定。

纳税人可计提但未计提的加计抵减额，可在确定适用加计抵减政策当期一并计提。

（2）纳税人应按照当期可抵扣进项税额的 10% 计提当期加计抵减额。按照现行规定不得从销项税额中抵扣的进项税额，不得计提加计抵减额；已计提加计抵减额的进项税额，按规定作进项税额转出的，应在进项税额转出当期，相应调减加计抵减额。计算公式如下：

当期计提加计抵减额 = 当期可抵扣进项税额 × 10%

当期可抵减加计抵减额 = 上期末加计抵减额余额 + 当期计提加计抵减额 − 当期调减加计抵减额

（3）纳税人应按照现行规定计算一般计税方法下的应纳税额（以下称抵减前的应纳税额）后，区分以下情形加计抵减：

①抵减前的应纳税额等于零的，当期可抵减加计抵减额全部结转下期抵减；

②抵减前的应纳税额大于零，且大于当期可抵减加计抵减额的，当期可抵减加计抵减额全额从抵减前的应纳税额中抵减；

③抵减前的应纳税额大于零，且小于或等于当期可抵减加计抵减额的，以当期可抵减加计抵减额抵减应纳税额至零。未抵减完的当期可抵减加计抵减额，结转下期继续抵减。

（4）纳税人出口货物劳务、发生跨境应税行为不适用加计抵减政策，其对应的进项税额不得计提加计抵减额。

纳税人兼营出口货物劳务、发生跨境应税行为且无法划分不得计提加计抵减额的进项税额，按照以下公式计算：

不得计提加计抵减额的进项税额 = 当期无法划分的全部进项税额 × 当期出

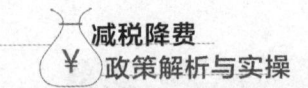

口货物劳务和发生跨境应税行为的销售额÷当期全部销售额

（5）纳税人应单独核算加计抵减额的计提、抵减、调减、结余等变动情况。骗取适用加计抵减政策或虚增加计抵减额的，按照《中华人民共和国税收征收管理法》等有关规定处理。

（6）加计抵减政策执行到期后，纳税人不再计提加计抵减额，结余的加计抵减额停止抵减。

（7）适用加计抵减政策的生产、生活性服务业纳税人，应在年度首次确认适用加计抵减政策时，通过电子税务局（或前往办税服务厅）提交《适用加计抵减政策的声明》。适用加计抵减政策的纳税人，同时兼营邮政服务、电信服务、现代服务、生活服务的，应按照四项服务中收入占比最高的业务在《适用加计抵减政策的声明》中勾选确定所属行业。

5. 增值税留抵退税

自2019年4月1日起，试行增值税期末留抵税额退税制度。

（1）同时符合以下条件的纳税人，可以向主管税务机关申请退还增量留抵税额：

①自2019年4月税款所属期起，连续六个月（按季纳税的，连续两个季度）增量留抵税额均大于零，且第六个月增量留抵税额不低于50万元；

②纳税信用等级为A级或者B级；

③申请退税前36个月未发生骗取留抵退税、出口退税或虚开增值税专用发票情形的；

④申请退税前36个月未因偷税被税务机关处罚两次及以上的；

⑤自2019年4月1日起未享受即征即退、先征后返（退）政策的。

（2）增量留抵税额，是指与2019年3月底相比新增加的期末留抵税额。

（3）纳税人当期允许退还的增量留抵税额，按照以下公式计算：

允许退还的增量留抵税额＝增量留抵税额×进项构成比例×60%

进项构成比例，为2019年4月至申请退税前一税款所属期内已抵扣的增值税专用发票（含税控机动车销售统一发票）、海关进口增值税专用缴款书、解缴税款完税凭证注明的增值税额占同期全部已抵扣进项税额的比重。

（4）纳税人应在增值税纳税申报期内，向主管税务机关申请退还留抵税额。

（5）纳税人出口货物劳务、发生跨境应税行为，适用免抵退税办法的，办理免抵退税后，仍符合规定条件的，可以申请退还留抵税额；适用免退税办法的，相关进项税额不得用于退还留抵税额。

（6）纳税人取得退还的留抵税额后，应相应调减当期留抵税额。按照规定再次满足退税条件的，可以继续向主管税务机关申请退还留抵税额，但规定的连续期间，不得重复计算。

（三）政策解析

1. 2019年4月1日降低增值税税率政策实施后，纳税人发生销售折让、中止或者退回等情形的，开具红字发票及蓝字发票的税率适用问题

增值税一般纳税人在增值税税率调整前已按原16%、10%适用税率开具的增值税发票，发生销售折让、中止或者退回等情形需要开具红字发票的，按照原适用税率开具红字发票；开票有误需要重新开具的，先按照原适用税率开具红字发票后，再重新开具正确的蓝字发票。

需要说明的是，如纳税人此前已按原17%、11%适用税率开具了增值税发票，发生销售折让、中止或者退回等情形需要开具红字发票的，应按照《国家税务总局 关于统一小规模纳税人标准等若干增值税问题的公告》（国家税务总局公告2018年第18号，以下简称18号公告）相关规定执行。

2. 2019年4月1日降低增值税税率政策实施后，纳税人需要补开增值税发票的税率适用问题

纳税人在增值税税率调整前未开具增值税发票的增值税应税销售行为，需要补开增值税发票的，应当按照原16%、10%适用税率补开。

需要说明的是，如果纳税人还存在2018年税率调整前未开具增值税发票的应税销售行为，需要补开增值税发票的，可根据18号公告相关规定，按照原17%、11%适用税率补开。

3. 自 2019 年 4 月 1 日起，纳税人购入不动产，持有期间用途发生改变的，进项税额的处理方法

（1）已抵扣进项税额的不动产，发生非正常损失，或者改变用途，专用于简易计税方法计税项目、免征增值税项目、集体福利或者个人消费的，按照下列公式计算不得抵扣的进项税额，并从当期进项税额中扣减：

不得抵扣的进项税额＝已抵扣进项税额×不动产净值率

不动产净值率＝（不动产净值÷不动产原值）×100%

（2）按照规定不得抵扣进项税额的不动产，发生用途改变，用于允许抵扣进项税额项目的，按照下列公式在改变用途的次月计算可抵扣进项税额：

可抵扣进项税额＝增值税扣税凭证注明或计算的进项税额×不动产净值率

4. 加计抵减政策设计介绍以及适用加计抵减政策的纳税人需要提供的资料

加计抵减，简单来说，就是允许特定纳税人按照当期可抵扣进项税额的10%虚拟计算出一个抵减额，专用于抵减一般计税方法下计算出来的应纳税额，从而达到降低纳税人税负的目的。增值税的基本原理是"征多少扣多少"，因此，加计抵减的实质是一项税收优惠，它是为有效降低适用6%税率的生产、生活性服务业纳税人税收负担而出台的一项临时性优惠政策。

为确保这项全新的政策落地生根、切实生效，税务部门按"简明易行好操作"原则的要求，设计了一套操作办法，归纳为"宽口径、年度定、可追溯、易操作"。

宽口径。就是按最大口径明确了加计抵减政策。一方面，只要一般纳税人在规定期限内，其提供的邮政服务、电信服务、现代服务和生活服务的销售额合计数，占全部销售额的比重超过一半，即可享受加计抵减政策；另一方面，只要纳税人符合条件，其国内环节所有可抵扣的进项税额均可按10%比例进行加计抵减，而不用细化区分其进项构成。

年度定。为了尽可能减少纳税人的办税负担，避免频繁判定享受条件，政策明确加计抵减政策按年度适用，只要纳税人符合规定，当年内无须调整，均可享受加计抵减政策。

可追溯。考虑到加计抵减政策是一项全新的优惠政策，纳税人相对陌生，还需要逐步适应。因此，对于满足条件，但因各种原因未及时计提加计抵减额的纳税人，允许其补充计提，用于抵减以后期间的应纳增值税额。

易操作。为了最大限度方便纳税人，在优惠政策的实现方式上，采用了"三自"模式，即由纳税人"自主判断、自主申报、自主享受"，避免因纳税人数量较多、审核时间长而造成政策延迟落地，保证纳税人及时充分享受改革红利。

纳税人享受加计抵减政策，不需要任何审批，纳税人自己选择适当方式，线上或线下向主管税务机关提交《适用加计抵减政策的声明》（以下简称《声明》）即可。《声明》中的基本信息均由税收征管系统自动填写，纳税人仅需勾选、填写 4 项内容（即所属行业、判定销售额占比的时间段、四项服务销售额、全部销售额）。《声明》信息录入成功后，申报纳税系统将自动开放"加计抵减模块"，纳税人自行计算填报加计抵减额，申报纳税系统将根据申报表内部勾稽关系，自动计算抵减当期应纳税额。

需要说明的是，按照 39 号公告规定，纳税人确定适用加计抵减政策，以后年度是否继续适用，需要根据上年度销售额计算确定。已经提交《声明》并享受加计抵减政策的纳税人，在 2020 年、2021 年是否继续适用，应分别根据其 2019 年、2020 年销售额确定。如果符合规定，须再次提交《声明》。

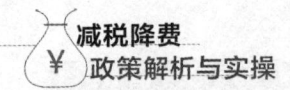

第三节　其他增值税优惠政策

一、高新技术类增值税优惠

（一）政策依据

《财政部 税务总局 关于延续动漫产业增值税政策的通知》（财税〔2018〕38号）

（二）主要内容

（1）自2018年5月1日至2020年12月31日，对动漫企业增值税一般纳税人销售其自主开发生产的动漫软件，按照适用税率征收增值税后，对其增值税实际税负超过3%的部分，实行即征即退政策。

（2）动漫软件出口免征增值税。动漫软件，按照《财政部 国家税务总局关于软件产品增值税政策的通知》（财税〔2011〕100号）中软件产品相关规定执行。

二、文化产业类的增值税优惠

（一）政策依据

《财政部 税务总局 关于继续实施支持文化企业发展增值税政策的通知》（财税〔2019〕17号）

（二）主要内容

（1）2019年1月1日至2023年12月31日，对电影主管部门（包括中央、省、地市及县级）按照各自职能权限批准从事电影制片、发行、放映的电影集团公司（含成员企业）、电影制片厂及其他电影企业取得的销售电影拷贝（含数字拷贝）收入、转让电影版权（包括转让和许可使用）收入、电影发行收入以及在农村取得的电影放映收入，免征增值税。一般纳税人提供的城市电影放映服务，可以按现行政策规定，选择按照简易计税办法计算缴纳增值税。

（2）2019年1月1日至2023年12月31日，对广播电视运营服务企业收取的有线数字电视基本收视维护费和农村有线电视基本收视费，免征增值税。

三、支持小微企业融资增值税优惠政策

（一）政策依据

（1）《财政部 税务总局 关于支持小微企业融资有关税收政策的通知》（财税〔2017〕77号）

（2）《财政部 税务总局 关于金融机构小微企业贷款利息收入免征增值税政策的通知》（财税〔2018〕91号）

（3）《财政部 税务总局 关于租入固定资产进项税额抵扣等增值税政策的通知》（财税〔2017〕90号）

（二）主要内容

（1）自2017年12月1日至2019年12月31日，对金融机构向农户、小型企业、微型企业及个体工商户发放小额贷款取得的利息收入，免征增值税。金融机构应将相关免税证明材料留存备查，单独核算符合免税条件的小额贷款利息收入，按现行规定向主管税务机构办理纳税申报；未单独核算的，不得免征增值税。

小额贷款，是指单户授信小于100万元（含本数）的农户、小型企业、

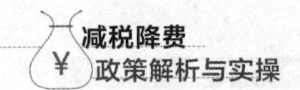

微型企业或个体工商户贷款;没有授信额度的,是指单户贷款合同金额且贷款余额在100万元(含本数)以下的贷款。

农户,是指长期(一年以上)居住在乡镇(不包括城关镇)行政管理区域内的住户,还包括长期居住在城关镇所辖行政村范围内的住户和户口不在本地而在本地居住一年以上的住户,国有农场的职工。位于乡镇(不包括城关镇)行政管理区域内和在城关镇所辖行政村范围内的国有经济的机关、团体、学校、企事业单位的集体户,有本地户口但举家外出谋生一年以上的住户,无论是否保留承包耕地,均不属于农户。农户以户为统计单位,既可以从事农业生产经营,也可以从事非农业生产经营。农户贷款的判定应以贷款发放时的借款人是否属于农户为准。

小型企业、微型企业,是指符合《中小企业划型标准规定》(工信部联企业〔2011〕300号)的小型企业和微型企业。其中,资产总额和从业人员指标均以贷款发放时的实际状态确定;营业收入指标以贷款发放前12个自然月的累计数确定,不满12个自然月的,按照以下公式计算:

营业收入(年)=企业实际存续期间营业收入/企业实际存续月数×12

(2)自2018年9月1日至2020年12月31日,对金融机构向小型企业、微型企业和个体工商户发放小额贷款取得的利息收入,免征增值税。金融机构可以选择以下两种方法之一适用免税:

①对金融机构向小型企业、微型企业和个体工商户发放的,利率水平不高于人民银行同期贷款基准利率150%(含本数)的单笔小额贷款取得的利息收入,免征增值税;高于人民银行同期贷款基准利率150%的单笔小额贷款取得的利息收入,按照现行政策规定缴纳增值税。

②对金融机构向小型企业、微型企业和个体工商户发放单笔小额贷款取得的利息收入中,不高于该笔贷款按照人民银行同期贷款基准利率150%(含本数)计算的利息收入部分,免征增值税;超过部分按照现行政策规定缴纳增值税。

金融机构可按会计年度在以上两种方法之间选定其一作为该年的免税适用方法,一经选定,该会计年度内不得变更。

小额贷款，是指单户授信小于1000万元（含本数）的小型企业、微型企业或个体工商户贷款；没有授信额度的，是指单户贷款合同金额且贷款余额在1000万元（含本数）以下的贷款。

小型企业、微型企业，是指符合《中小企业划型标准规定》（工信部联企业〔2011〕300号）的小型企业和微型企业。其中，资产总额和从业人员指标均以贷款发放时的实际状态确定；营业收入指标以贷款发放前12个自然月的累计数确定，不满12个自然月的，按照以下公式计算：

营业收入（年）=企业实际存续期间营业收入/企业实际存续月数×12

金融机构，是指经人民银行、银保监会批准成立的已通过监管部门上一年度"两增两控"考核的机构（2018年通过考核的机构名单以2018年上半年实现"两增两控"目标为准），以及经人民银行、银保监会、证监会批准成立的开发银行及政策性银行、外资银行和非银行业金融机构。"两增两控"是指单户授信总额1000万元以下（含）小微企业贷款同比增速不低于各项贷款同比增速，有贷款余额的户数不低于上年同期水平，合理控制小微企业贷款资产质量水平和贷款综合成本（包括利率和贷款相关的银行服务收费）水平。金融机构完成"两增两控"情况，以银保监会及其派出机构考核结果为准。

（3）自2018年1月1日至2019年12月31日，纳税人为农户、小型企业、微型企业及个体工商户借款、发行债券提供融资担保取得的担保费收入，以及为上述融资担保（以下称"原担保"）提供再担保取得的再担保费收入，免征增值税。再担保合同对应多个原担保合同的，原担保合同应全部适用免征增值税政策。否则，再担保合同应按规定缴纳增值税。

纳税人应将相关免税证明材料留存备查，单独核算符合免税条件的融资担保费和再担保费收入，按现行规定向主管税务机关办理纳税申报；未单独核算的，不得免征增值税。

农户，是指长期（一年以上）居住在乡镇（不包括城关镇）行政管理区域内的住户，还包括长期居住在城关镇所辖行政村范围内的住户和户口不在本地而在本地居住一年以上的住户，国有农场的职工。位于乡镇（不包括城关镇）行政管理区域内和在城关镇所辖行政村范围内的国有经济的机关、团体、学校、企事业单位的集体户,有本地户口,但举家外出谋生一年以上的住户,无论是否保留承包耕地,均不属于农户。农户以户为统计单位,既可以从事农业生产经营,也可以从事非农业生产经营。农户担保、再担保的判定应以原担保生效时的被担保人是否属于农户为准。

小型企业、微型企业,是指符合《中小企业划型标准规定》(工信部联企业〔2011〕300号)的小型企业和微型企业。其中,资产总额和从业人员指标均以原担保生效时的实际状态确定;营业收入指标以原担保生效前12个自然月的累计数确定,不满12个自然月的,按照以下公式计算:

营业收入(年)=企业实际存续期间营业收入/企业实际存续月数×12

(三)政策解析

(1)"财税〔2017〕77号"和"财税〔2018〕91号"两个文件都是支持小微企业融资方面的增值税优惠政策,两者区别要点如表1-1所示:

表1-1

政策依据	财税〔2017〕77号	财税〔2018〕91号
政策内容	贷款利息收入免征增值税	贷款利息收入免征增值税
适用主体	金融机构	金融机构
放贷对象	农户、小微企业以及个体工商户	小微企业和个体工商户
授信额度(贷款余额)	≤100万元	≤1000万元
免税方法	贷款利息收入全额征免税	一个会计年度内"二选一"
其他免税条件	—	通过"两增两控"考核设置免税贷款利率上限
执行时间	2017.12.01-2019.12.31	2018.09.01-2020.12.31

(2)"财税〔2018〕91号"文规定的免税方法"二选一":

①免税方法一:一次判定,全额适用征免税。

②免税方法二：逐期判定，分段适用征免税。

例1-6 贷款（一年期）本金200万元，人民银行同期贷款基准利率4%，两种免税方法如表1-2所示。

表1-2

免税方法一	贷款利率为6%时，利息收入200*6%=12万元	全额免税
	贷款利率为9%时，利息收入200*6%=12万元	全额征税
免税方法二	贷款利率为6%时，利息收入200*6%/12=1万元	按期免税
	贷款利率为9%时，利息收入200*6%/12=1万元	按期分段免税
	200*3/12=0.5万元	按期分段征税

四、国务院常务会议（2019.3.20）决定的其他相关减税政策

（一）延续2018年执行到期的增值税优惠政策

（1）对公共租赁住房经营管理单位出租公共租赁住房免征增值税。

公共租赁住房，是指纳入省、自治区、直辖市、计划单列市人民政府及新疆生产建设兵团批准的公共租赁住房发展规划和年度计划，并按照《关于加快发展公共租赁住房的指导意见》（建保〔2010〕87号）和市、县人民政府制定的具体管理办法进行管理的公共租赁住房。

（2）对饮水工程运营管理单位向农村居民提供生活用水取得的自来水销售收入，免征增值税。

饮水工程，是指为农村居民提供生活用水而建设的供水工程设施。饮水工程运营管理单位，是指负责饮水工程运营管理的自来水公司、供水公司、供水（总）站（厂、中心）、村集体、农民用水合作组织等单位。

对于既向城镇居民供水，又向农村居民供水的饮水工程运营管理单位，依据向农村居民供水收入占总供水收入的比例免征增值税。无法提供具体比例或所提供数据不实的，不得享受上述税收优惠政策。

（3）继续对国产抗艾滋病病毒药品免征生产环节和流通环节增值税。

享受上述免征增值税政策的国产抗艾滋病病毒药品,为国家卫生健康委委托中国疾病预防控制中心通过公开招标方式统一采购、各省(自治区、直辖市)艾滋病药品管理部门分散签约支付的抗艾滋病病毒药品。药品生产企业申请办理免税时,应向主管税务机关提交加盖企业公章的药品供货合同复印件、中标通知书复印件及中国政府网中标公告。

抗艾滋病病毒药品的生产企业和流通企业应分别核算免税药品和其他货物的销售额;未分别核算的,不得享受增值税免税政策。

(二)扶贫捐赠税收优惠

从2019年1月1日至2022年底,对符合条件的扶贫货物捐赠免征增值税。

第四节 实操问答

一、小规模纳税人免征增值税

（一）关于免征额方面

问 1-1 某小规模纳税人增值税按季申报，2019 年第一季度 1 月份收入 11 万元、2 月份收入 9 万元、3 月份收入 9.5 万元。那么第一季度需要纳增值税吗？

答：按季纳税的小规模纳税人，如果季度销售额不超过 30 万元，当季均可按规定享受免税。按照 1~3 月的收入情况，一季度销售额为 29.5 万元，未超过 30 万元，可以按规定享受免税。

问 1-2 月销售额超过 10 万元的是超过部分纳税还是全额纳税？

答：按月纳税的小规模纳税人，如果月销售额超过 10 万元，需要就销售额全额计算缴纳增值税。

问 1-3 以预收款形式收取租金和到期一次性收取租金是否都属于采取一次性收取租金形式出租不动产取得的租金收入，可在对应的租赁期内平均分摊，分摊后的月租金收入未超过 10 万元的，免征增值税？

答：以预收款形式收取租金和到期一次性收取租金都属于采取一次性收取租金形式出租不动产取得的租金收入，可在对应的租赁期内平均分摊，分摊后的月租金收入未超过 10 万元的，免征增值税。【政策依据】《国家税务总局 关于小规模纳税人免征增值税政策有关征管问题的公告》（国家税务总局公告2019 年第 4 号）第四条规定，《中华人民共和国增值税暂行条例实施细则》第九条所称的其他个人，采取一次性收取租金形式出租不动产取得的租金收入，可在对应的租赁期内平均分摊，分摊后的月租金收入未超过 10 万元的，免征增值税。

问 1-4 小规模纳税人增值税月销售额免税标准提高到 10 万元以后，保险代理人为保险企业提供保险代理服务是否也可以适用新的免税标准？保险企业为保险代理人汇总代开增值税普通发票时，能否适用免税政策？

答：小规模纳税人增值税月销售额免税标准提高到 10 万元这项政策，同样适用于个人保险代理人为保险企业提供保险代理服务。同时，保险企业仍应按照《国家税务总局关于个人保险代理人税收征管有关问题的公告》（国家税务总局 2016 年第 45 号）的相关规定，向保险企业主管税务机关申请汇总代开增值税发票，并可按规定适用免税政策。

问 1-5 现在针对起征点如何定义？是按次不超过 500 元，按月不超过 2 万元；还是按次不超过 500 元，按月不超过 3 万元；还是按照公告 2019 年 4 号文件提高至按次不超过 500 元，按月不超过 10 万元？如何理解按次纳税和按期纳税？

答：增值税起征点，按照《中华人民共和国增值税暂行条例实施细则》和《营业税改征增值税试点实施办法》执行。按次纳税和按期纳税，以是否办理税务登记或者临时税务登记作为划分标准。凡办理了税务登记或临时税务登记的小规模纳税人，月销售额未超过 10 万元（按季申报的小规模纳税人，为季销售额未超过 30 万元）的，都可以按规定享受增值税免税政策。未办理税务登记或临时税务登记的小规模纳税人，除特殊规定外，则执行《增值税暂行条例》及其实施细则关于按次纳税的起征点有关规定，每次销售额未达到 500 元的免征增值税，达到 500 元的则需要正常征税。对于经常代开发票的自然人，建议主动办理税务登记或临时税务登记，以充分享受小规模纳税人月销售额 10 万元以下免税政策。

按照现行规定应当预缴增值税税款的小规模纳税人，凡在预缴地实现的月销售额未超过 10 万元的，当期无须预缴税款。在相应公告下发前已预缴税款的，可以向预缴地主管税务机关申请退还。

问 1-6 ①建筑业，在同一个区域有多个项目，每个项目不超 10 万元，但是总销售额超 10 万元，以哪个为标准？②小规模纳税人异地提供建筑服务，自开专用发票，但月销售额不超 10 万元，是否需要在预缴地预缴税款？

答：①按照预缴地各个项目总销售，扣除分包款后的合计销售额确定。②不需要。

问 1-7 境外单位或个人能不能适用小规模纳税人免税政策？

答：不能。按照现行的增值税政策，境外企业不区分一般纳税人和小规模纳税人，在我国境内发生的应税行为，都应该按照财税〔2016〕36 号文件的有关规定，由扣缴义务人按照适用税率扣缴增值税。因此，境外企业不适用小规模纳税人免征增值税政策。

问 1-8 差额征税较之前有何变化？

答：适用增值税差额征税政策的小规模纳税人，以差额后的销售额确定是否可以享受本公告规定的免征增值税政策。《增值税纳税申报表（小规模纳税人适用）》中的"免税销售额"相关栏次，填写差额后的销售额。

（二）关于转登记方面

问 1-9 关于转登记为小规模纳税人的相关新政，请问是否仍仅适用于原来因较低标准成为一般纳税人的工业和商业企业？如果按统一 500 万元标准后的工业或者商业一般纳税人现在是否可以转登记为小规模纳税人？营改增企业是否可以转登记？

答：2019 年可选择转登记的纳税人，涵盖包括营改增试点纳税人在内的所有增值税一般纳税人，只要符合转登记的条件即可选择转登记为小规模纳税人。【政策依据】《国家税务总局 关于小规模纳税人免征增值税政策有关征管问题的公告》（国家税务总局公告2019年第4号）第五条：转登记日前连续12个月（以1个月为1个纳税期）或者连续4个季度（以1个季度为1个纳税期）累计销售额未超过500万元的一般纳税人，在2019年12月31日前，可选择转登记为小规模纳税人。

问1-10 2018年5月1日之后登记为一般纳税人的是否可以转登记为小规模纳税人？

答：根据《国家税务总局 关于小规模纳税人免征增值税政策有关征管问题的公告》（国家税务总局公告2019年第4号）第五条，转登记日前连续12个月（以1个月为1个纳税期）或者连续4个季度（以1个季度为1个纳税期）累计销售额未超过500万元的一般纳税人，在2019年12月31日前，可选择转登记为小规模纳税人。

问1-11 （1）国家税务总局公告2019年第4号中，第五条规定的转登记条件中"累计销售额未超过500万元"，那么免税销售额是否计入销售额范围？（2）国家税务总局公告2019年第4号第三条规定："三、按固定期限纳税的小规模纳税人可以选择以1个月或1个季度为纳税期限，一经选择，一个会计年度内不得变更。"请问纳税期限变更有没有规定需要提供什么资料，还是自行联系主管税务机关变更？

答：（1）累计销售额包括免税销售额。（2）小规模纳税人可向主管税务机关申请变更纳税期限，无须提供资料。

根据《国家税务总局 关于统一小规模纳税人标准等若干增值税问题的公告》（国家税务总局公告2018年第18号）八、自转登记日的下期起连续不超过12个月或者连续不超过4个季度的经营期内，转登记纳税人应税销售额超过财政部、国家税务总局规定的小规模纳税人标准的，应当按照《增值税一般纳税人登记管理办法》（国家税务总局令 第43号）的有关规定，向主管税务机关办理一般纳税人登记。

问 1-12 （1）自转登记日的下期起连续 12 个月如何理解？（2）是否包含转登记日之前月份的销售额？

答：（1）如果某一般纳税人自 2019 年 3 月转登记为小规模纳税人，自转登记日下期起连续 12 个月，是指 2019 年 4 月~2020 年 3 月。（2）不包括。

问 1-13 国家税务总局公告 2019 年第 4 号："曾在 2018 年选择过转登记的纳税人，在 2019 年仍可选择转登记；但是，2019 年选择转登记的，再次登记为一般纳税人后，不得再转登记为小规模纳税人。"如何理解？

答：纳税人在 2019 年内只能选择转登记 1 次，增值税一般纳税人在 2019 年选择转登记为小规模纳税人之后，如果符合一般纳税人登记的条件自行或者按要求登记为一般纳税人后，即使符合年销售额不超过 500 万元的条件，在 2019 年度内也不得再次转登记为小规模纳税人。

问 1-14 我公司是适用增值税差额征税政策的劳务派遣公司，目前是一般纳税人，如果 2019 年办理转登记小规模纳税人，累计销售额该如何计算？

答：累计应税销售额的计算，应按照《增值税一般纳税人登记管理办法》（国家税务总局令 第 43 号）的规定执行，包括纳税申报销售额、稽查查补销售额、纳税评估调整销售额。而销售服务、无形资产或者不动产有扣除项目的纳税人，其应税行为年应税销售额按未扣除之前的销售额计算。此外，纳税人偶然发生的销售无形资产、转让不动产的销售额，不计入应税行为年应税销售额。

问 1-15 年度转登记的条件，除了累计销售额不超过 500 万元的标准以外，是否有其他限制？适用增值税差额征税政策的纳税人，累计销售额如何计算？

答：2019 年度转登记的条件，除了累计销售额不超过 500 万元的标准以外，没有其他任何限制，累计销售额的计算标准，按照《增值税一般纳税人登记管理办法》的有关规定执行；适用增值税差额征税政策的纳税人，累计销售额按差额之前的销售额计算。

问 1-16 如果转登记纳税人为出口企业，在一般纳税人期间出口适用增值税退（免）税政策的货物劳务、发生适用增值税零税率跨境应税行为在其转登记为小规模纳税人后应该如何处理？

答：如果转登记纳税人为出口企业，那么该出口企业在一般纳税人期间出口适用增值税退（免）税政策的货物劳务、发生适用增值税零税率跨境应税行为（以下称"出口货物劳务、服务"），在其转登记为小规模纳税人后，仍然可以继续按照现行规定申报和办理退（免）税相关事项。具体事宜仍按照《国家税务总局 关于统一小规模纳税人标准有关出口退（免）税问题的公告》（国家税务总局公告2018年第20号）规定执行。自转登记日下期起，该转登记纳税人出口货物劳务、服务，应当适用增值税免税政策。

（三）关于发票开具方面

问 1-17 住宿业、鉴证咨询业、建筑业、工业以及信息传输、软件和信息技术服务业的小规模纳税人，自开专用发票的标准是否同步从月销售额超过3万元（季度销售额超过9万元）调整至月销售额超过10万元（季度销售额超过30万元）？

答：不受月销售额标准的限制。按照《国家税务总局 关于扩大小规模纳税人自行开具增值税专用发票试点范围等事项的公告》（国家税务总局公告2019年第8号）第一条规定，自2019年3月1日起，住宿业，鉴证咨询业，建筑业，工业，信息传输、软件和信息技术服务业，租赁和商务服务业，科学研究和技术服务业，居民服务、修理和其他服务业的所有小规模纳税人均可以自愿使用增值税发票管理系统自行开具增值税专用发票。试点纳税人销售其取得的不动产，需要开具增值税专用发票的，应当按照有关规定向税务机关申请代开。

问 1-18 （1）小规模纳税人月销售额超过10万元的，是否强制使用增值税发票管理系统开具增值税普通发票、机动车销售统一发票、增值税电子普通发票？（2）未使用增值税发票管理系统的小规模纳税人，月销售额不超过10万元,是否可以不使用增值税发票管理系统,而是去税务机关代开增值税普通发票?

答:(1)小规模纳税人月销售额超过10万元的,除特殊情况外,应当使用增值税发票管理系统自行开具增值税普通发票、机动车销售统一发票、增值税电子普通发票。(2)未使用增值税发票管理系统的小规模纳税人,月销售额不超过10万元,原则上不纳入增值税发票管理系统推行范围。《国家税务总局关于小规模纳税人免征增值税政策有关征管问题的公告》(国家税务总局公告2019年第4号)第十条:小规模纳税人月销售额超过10万元的,使用增值税发票管理系统开具增值税普通发票、机动车销售统一发票、增值税电子普通发票。

(四)关于纳税申报方面

问1-19 2019年第4号公告第三条规定:"按固定期限纳税的小规模纳税人可以选择以1个月或1个季度为纳税期限,一经选择,一个会计年度内不得变更。"小规模纳税人何时可以选择纳税期限?

答:小规模纳税人因销售额和纳税期限不同,其享受免税政策的效果存在差异。以下举例说明:

情况1:某小规模纳税人2019年1~3月的销售额分别是5万元、11万元和12万元。如果按月纳税,则只有1月的5万元能够享受免税;如果按季纳税,由于该季度销售额为28万元,未超过免税标准,因此,28万元全部能享受免税。在这种情况下,小规模纳税人更愿意实行按季纳税。

情况2:某小规模纳税人2019年1~3月的销售额分别是8万元、11万元和12万元,如果按月纳税,1月份的8万元能够享受免税,如果按季纳税,由于该季度销售额31万元已超过免税标准,因此,31万元均无法享受免税。在这种情况下,小规模纳税人更愿意实行按月纳税。

因此,为确保小规模纳税人充分享受政策,4号公告明确,按照固定期限纳税的小规模纳税人,可以根据自己的实际经营情况选择实行按月纳税或按季纳税。同时,为确保年度内纳税人的纳税期限相对稳定,也明确了纳税人一经选择，一个会计年度内不得变更。这里的一个会计年度，是指会计上所说的1～12月，而不是自选择之日起顺延一年的意思。纳税人在每个会计年度内的任意时间均可以向主管税务机关提出，选择变更其纳税期限，但纳税人一旦选择变更纳税期限后，当年12月31日前不得再次变更。

问1-20 自然人与保险公司签订长期代理合同，且不属于一次性取得收入的，是否可视为按期纳税的纳税人，按规定适用小微企业增值税优惠政策？

答：如果按月发放并开具发票，可以按照小微企业增值税优惠政策执行。

问1-21 关于增值税申报表填写口径有何调整？

答：适用增值税差额征税政策的小规模纳税人，以差额后的销售额确定是否可以享受《国家税务总局 关于小规模纳税人免征增值税政策有关征管问题的公告》（国家税务总局公告2019年第4号）规定的免征增值税政策。《增值税纳税申报表（小规模纳税人适用）》中的"免税销售额"相关栏次，填写差额后的销售额。

问1-22 增值税申报有何变化？

答：小规模纳税人在增值税申报的过程中，申报系统将增加一些申报提示信息，帮助纳税人判断是否可以享受免征增值税政策，以确保优惠政策应享尽享。小规模纳税人当期发生销售不动产行为的，在申报时申报系统会提示纳税人录入本期销售不动产的销售额，并根据纳税人录入的数据，帮助其判断是否可以享受免征增值税政策。

问1-23 代开增值税专用发票需交税，自行开具增值税专用发票的怎么缴纳税款？

答：按照现行政策规定，纳税人自行开具或申请代开增值税专用发票，应就其开具的增值税专用发票相对应的应税行为计算缴纳增值税。4号公告明确，如果小规模纳税人月销售额未超过10万元的，当期因开具增值税专用发票已经缴纳的税款,在增值税专用发票全部联次追回或者按规定开具红字专用发票后,可以向主管税务机关申请退还已缴纳的增值税。

问 1-24 公司打算在 3 月份从按月申报改为按季申报,需要提供什么资料,对享受增值税月销售额 10 万元以下免税政策有什么影响?

答:贵公司可以直接向主管税务机关申请变更纳税期限,无须提供资料。如果在 3 月份申请从按月申报变更为按季申报,将从 4 月份的税款所属期生效,二季度(4~6 月份)的纳税申报在 7 月申报期办理。如果季度销售额不超过 30 万元,继续免征增值税。但公司此次变更纳税期限后,至 2019 年 12 月 31 日不得再变更纳税期限。

需要注意的是,纳税人变更纳税期限(包括按月变更为按季或按季变更为按月)的实际申请时间不同,其变更后纳税期限的生效时间不同:如在季度第一个月内申请变更纳税期限的,可自申请变更的当季起按变更后的纳税期限申报纳税;在季度第二、三个月内申请变更纳税期限的,申请变更的当季内仍按变更前的纳税期限申报纳税,可自下季度起按变更后的纳税期限申报纳税。

如按月申报纳税的小规模纳税人,在季度第一个月内申请变更为按季申报纳税,可自申请变更的当季起按季申报纳税,适用季度销售额不超过 30 万元的免税标准;如在季度第二、三个月内申请变更为按季申报纳税的,在申请变更的当季仍按月申报纳税,适用月销售额不超过 10 万元的免税标准,可自下季度起按季申报纳税,适用季度销售额不超过 30 万元的免税标准。

问 1-25 某公司原来属于按季纳税的小规模纳税人,从 2019 年的 3 月 1 日起成为一般纳税人,那么公司一季度的申报如何办理,如何享受免税政策?

答:该公司需要在 4 月份征期内办理两项申报业务:一是办理 3 月税款所属期的一般纳税人申报;二是办理 1~2 月税款所属期的小规模纳税人申报,小规模纳税人申报可以按季度销售额不超过 30 万元的标准来确定是否享受免税政策。对于纳税人在季度中间由一般纳税人转登记为小规模纳税人,或由小规模纳税人登记为一般纳税人，小规模纳税人纳税期限核定为按季的，纳税人对应属期申报销售额均统一以30万元的标准来判断是否享受小规模纳税人免征增值税政策。

问1-26 按季申报的小规模纳税人转让不动产，在申报过程中，除了按照申报系统提示填报不动产信息以外，还需要填报申报表相关栏次吗？

答：需要填报。小规模纳税人转让不动产，除了按照申报系统提示填报不动产信息以外，还应根据政策适用情况据实填写小规模纳税人申报表相关栏次，完整申报当期全部销售额。

问1-27 按季纳税的小规模纳税人，2019年1月时，向税务机关申请代开增值税普通发票，金额不超过10万元，现在小规模纳税人免税标准提高后，之前代开发票所缴纳的增值税能不能向税务机关申请退还？

答：如果2019年一季度销售额未超过30万元，1月份代开增值税普通发票时缴纳的增值税，可在2019年一季度增值税纳税申报时，向主管税务机关申请退还。

问1-28 符合小微标准的，是代开普票的时候不进行征收税款，还是先征收，申报后再申请退税？

答：代开普票时征收，申报后如果符合小微企业条件，可以申请退税。

问1-29 某小规模纳税人，按季申报缴纳增值税。2019年2月向税务机关申请代开了一张销售额为20万元的增值税专用发票和一张销售额为15万元的增值税普通发票，已缴纳增值税。3月1日，因发生销货退回，购买方把金额为20万元的专用发票退回，该张发票购买方尚未申报抵扣。对于这张专用发票应当如何处理？代开发票时已经缴纳的增值税能不能向税务机关申请退还？

答：对于第一个问题，因跨月不符合发票作废条件，如果购买方尚未用于申报抵扣，可以在购买方将发票联及抵扣联退回后，向税务机关申请代开红字专用发票。对于第二个问题,税务机关为您代开红字专用发票后,可以向税务机关申请退还代开专用发票所缴纳的增值税。此外,如果2019年一季度的销售额未超过30万元,前期代开15万元普通发票时缴纳的增值税也可以在申报本季度增值税时,向主管税务机关申请退还。

二、深化增值税改革

(一)关于降税率方面

问1-30 自4月1日起,增值税税率有哪些调整?

答:为实施更大规模减税,深化增值税改革,2019年4月1日起,将制造业等行业现行16%的税率降至13%,将交通运输业、建筑业等行业现行10%的税率降至9%;保持6%一档的税率不变。

问1-31 自4月1日起,适用9%税率的增值税应税行为包括哪些?

答:自2019年4月1日起,增值税一般纳税人销售交通运输、邮政、基础电信、建筑、不动产租赁服务,销售不动产,转让土地使用权,销售或者进口下列货物,税率为9%:

——粮食等农产品、食用植物油、食用盐;

——自来水、暖气、冷气、热水、煤气、石油液化气、天然气、二甲醚、沼气、居民用煤炭制品;

——图书、报纸、杂志、音像制品、电子出版物;

——饲料、化肥、农药、农机、农膜;

——国务院规定的其他货物。

问1-32 适用6%税率的增值税应税行为包括哪些?

答:增值税一般纳税人销售增值电信服务、金融服务、现代服务(租赁服务除外)、生活服务、无形资产(不含土地使用权),税率为6%。

问1-33 此次深化增值税改革,对增值税一般纳税人购进农产品,原

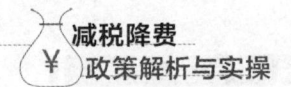

适用10%扣除率的是否有调整？

答：有调整。深化增值税改革有关政策公告规定，对增值税一般纳税人购进农产品，原适用10%扣除率的，扣除率调整为9%。

问1-34 对增值税一般纳税人购进用于生产或者委托加工13%税率货物的农产品，能否按10%扣除率计算进项税额？

答：可以。对增值税一般纳税人购进用于生产或者委托加工13%税率货物的农产品，按照10%扣除率计算进项税额。

问1-35 增值税一般纳税人购进农产品（未采用农产品增值税进项税额核定扣除试点实施办法，下同），可凭哪几种增值税扣税凭证抵扣进项税额？

答：增值税一般纳税人购进农产品，可凭增值税专用发票、海关进口增值税专用缴款书、农产品收购发票或销售发票抵扣进项税额。

问1-36 增值税一般纳税人购进农产品，取得流通环节小规模纳税人开具的增值税普通发票，能否用于计算可抵扣进项税额？

答：增值税一般纳税人购进农产品，取得流通环节小规模纳税人开具的增值税普通发票，不得计算抵扣进项税额。

问1-37 增值税一般纳税人（农产品深加工企业除外）购进农产品，从小规模纳税人取得增值税专用发票的，如何计算进项税额？

答：增值税一般纳税人购进农产品，从根据简易计税方法依照3%征收率计算缴纳增值税的小规模纳税人取得增值税专用发票的，以增值税专用发票上注明的金额和9%的扣除率计算进项税额。

问1-38 增值税一般纳税人（农产品深加工企业除外）购进农产品，取得（开具）农产品销售发票或收购发票的，如何计算进项税额？

答：增值税一般纳税人购进农产品，取得（开具）农产品销售发票或收购发票的，以农产品销售发票或收购发票上注明的农产品买价和9%的扣除率计算进项税额。

问 1-39 增值税一般纳税人从批发、零售环节购进适用免征增值税政策的蔬菜而取得的普通发票,能否作为计算抵扣进项税额的凭证?

答:增值税一般纳税人从批发、零售环节购进适用免征增值税政策的蔬菜而取得的普通发票,不得作为计算抵扣进项税额的凭证。

问 1-40 生活服务业纳税人同时兼营农产品深加工,能否同时适用农产品加计扣除以及加计抵减政策?

答:按照《财政部 税务总局 海关总署 关于深化增值税改革有关政策的公告》(财政部 税务总局 海关总署公告2019年第39号)的规定,提供生活服务的销售额占全部销售额的比重超过50%的纳税人,可以适用加计抵减政策。该纳税人如果同时兼营农产品深加工业务,其购进用于生产或者委托加工13%税率货物的农产品,可按照10%扣除率计算进项税额,并可同时适用加计抵减政策。

问 1-41 适用一般计税方法的纳税人,在2019年4月1日以后,其适用的扣除率需要进行调整吗?

答:《农产品增值税进项税额核定扣除试点实施办法》(财税〔2012〕38号)明确规定,农产品核定扣除办法规定的扣除率为销售货物的适用税率。如果纳税人生产的货物适用税率由16%调整为13%,则其扣除率也应由16%调整为13%;如果纳税人生产的货物适用税率由10%调整为9%,则其扣除率也应由10%调整为9%。

问 1-42 增值税一般纳税人购进农产品既用于生产销售或委托受托加工13%税率货物又用于生产销售其他货物服务的,是否需要分别核算?

答:需要分别核算。未分别核算的,统一以增值税专用发票或海关进口增值税专用缴款书上注明的增值税额为进项税额,或以农产品收购发票或销售发票上注明的农产品买价和9%的扣除率计算进项税额。

(二)关于扩抵扣方面

问 1-43 我单位2019年1月购入一层写字楼,取得增值税专用发票,当前尚有购入写字楼的不动产进项税额40%未抵扣，我单位能否在2019年4月所属期抵扣剩余的30%，在5月所属期抵扣剩余的10%？

答：不可以。纳税人在2019年3月31日前尚未抵扣的不动产进项税额的40%，自2019年4月所属期起，只能一次性转入进项税额进行抵扣。

问1-44 我单位2019年4月购入一层写字楼，取得增值税专用发票，购入写字楼的不动产进项税额还需要分两年抵扣吗？

答：不需要，自2019年4月1日起，增值税一般纳税人取得不动产的进项税额不再分两年抵扣，而是在购进不动产的当期一次性抵扣进项税额。

问1-45 我单位2018年6月购入一层写字楼，取得增值税专用发票，购入写字楼的不动产进项税额在2018年7月申报抵扣了60%，在今年几月份就能够申报抵扣剩下的40%？

答：尚未抵扣完毕的待抵扣进项税额，可自2019年4月税款所属期起从销项税额中抵扣。

问1-46 我单位2019年1月购入一层写字楼，取得增值税专用发票，当前尚有购入写字楼的不动产进项税额40%未抵扣，我单位能否在2019年8月申报抵扣剩下的40%不动产进项税额。

答：可以，尚未抵扣完毕的待抵扣进项税额，可自2019年4月税款所属期起，由增值税一般纳税人自行选择申报月份从销项税额中抵扣。

问1-47 我单位2019年4月对原有厂房进行修缮改造，增加不动产原值超过50%，为本次修缮购进的材料、设备、中央空调等进项税额，还需要分两年抵扣吗？

答：不需要，自2019年4月1日起，增值税一般纳税人取得不动产的进项税额不再分两年抵扣。

问1-48 增值税一般纳税人购进国内旅客运输服务，能否抵扣进项税额？

答：可以。自2019年4月1日起，增值税一般纳税人购进国内旅客运输服务，其进项税额允许从销项税额中抵扣。

问 1-49 增值税一般纳税人购进国际旅客运输服务，能否抵扣进项税额？

答：不能。纳税人提供国际旅客运输服务，适用增值税零税率或免税政策。相应地，购买国际旅客运输服务不能抵扣进项税额。

问 1-50 是否只有注明旅客身份信息的客票，才能作为进项税抵扣凭证？

答：是的。按照《财政部 税务总局 海关总署 关于深化增值税改革有关政策的公告》（财政部 税务总局 海关总署公告2019年第39号）的规定，目前暂允许注明旅客身份信息的航空运输电子客票行程单、铁路车票、公路和水路等其他客票，作为进项税抵扣凭证。

问 1-51 增值税一般纳税人购进国内旅客运输服务，可以作为进项税额抵扣的凭证有哪些种类？

答：增值税一般纳税人购进国内旅客运输服务，可以作为进项税额抵扣的凭证有增值税专用发票、增值税电子普通发票，注明旅客身份信息的航空运输电子客票行程单、铁路车票以及公路、水路等其他客票。

问 1-52 增值税一般纳税人购进国内旅客运输服务取得增值税电子普通发票的，如何计算进项税额？

答：增值税一般纳税人购进国内旅客运输服务取得增值税电子普通发票的，进项税额为发票上注明的税额。

问 1-53 增值税一般纳税人购进国内旅客运输服务取得航空运输电子客票行程单的，如何计算进项税额？

答：取得注明旅客身份信息的航空运输电子客票行程单的，按照下列公式计算进项税额：

航空旅客运输进项税额=（票价+燃油附加费）÷（1+9%）×9%

问1-54 增值税一般纳税人购进国内旅客运输服务取得铁路车票的，如何计算进项税额？

答：取得注明旅客身份信息的铁路车票的，按照下列公式计算进项税额：

铁路旅客运输进项税额=票面金额÷（1+9%）×9%

问1-55 增值税一般纳税人购进国内旅客运输服务取得公路、水路等客票的，如何计算进项税额？

答：取得注明旅客身份信息的公路、水路等客票的，按照下列公式计算进项税额：

公路、水路旅客运输进项税额=票面金额÷（1+3%）×3%

（三）关于加计抵减方面

问1-56 本次深化增值税改革新出台了增值税加计抵减政策，其具体内容是什么？

答：符合条件的从事生产、生活服务业一般纳税人按照当期可抵扣进项税额加计10%，用于抵减应纳税额。

问1-57 增值税加计抵减政策执行期限是什么？

答：增值税加计抵减政策执行期限是2019年4月1日至2021年12月31日，这里的执行期限是指税款所属期。

问1-58 增值税加计抵减政策所称的生产、生活服务业纳税人是指哪些纳税人？

答：增值税加计抵减政策中所称的生产、生活服务业纳税人，是指提供邮政服务、电信服务、现代服务、生活服务取得的销售额占全部销售额的比重超过50%的纳税人。

问1-59 增值税加计抵减政策所称的邮政服务、电信服务、现代服务、生活服务具体范围是指什么？

答：邮政服务、电信服务、现代服务、生活服务具体范围，按照《销售服务、无形资产、不动产注释》（财税〔2016〕36号）执行。其中：

邮政服务，是指中国邮政集团公司及其所属邮政企业提供邮件寄递、邮政汇兑和机要通信等邮政基本服务的业务活动。包括邮政普遍服务、邮政特殊服务和其他邮政服务。

电信服务，是指利用有线、无线的电磁系统或者光电系统等各种通信网络资源，提供语音通话服务，传送、发射、接收或者应用图像、短信等电子数据和信息的业务活动。包括基础电信服务和增值电信服务。

现代服务，是指围绕制造业、文化产业、现代物流产业等提供技术性、知识性服务的业务活动。包括研发和技术服务、信息技术服务、文化创意服务、物流辅助服务、租赁服务、鉴证咨询服务、广播影视服务、商务辅助服务和其他现代服务。

生活服务，是指为满足城乡居民日常生活需求提供的各类服务活动。包括文化体育服务、教育医疗服务、旅游娱乐服务、餐饮住宿服务、居民日常服务和其他生活服务。

问1-60 纳税人提供邮政服务、电信服务、现代服务、生活服务取得的销售额占全部销售额的比重应当如何计算？

答：2019年3月31日前设立的纳税人，其销售额比重按2018年4月至2019年3月期间的累计销售额进行计算；实际经营期不满12个月的，按实际经营期的累计销售额计算。

2019年4月1日后设立的纳税人，其销售额比重按照设立之日起3个月的累计销售额进行计算。

问1-61 纳税人兼有四项服务中多项应税行为的，其销售额比重应当如何计算？

答：纳税人兼有四项服务中多项应税行为的，其四项服务中多项应税行为的当期销售额应当合并计算,然后再除以纳税人当期全部的销售额,以此计算销售额的比重。

问1-62 提供邮政服务、电信服务、现代服务、生活服务取得的销售额占全部销售额的比重超过50%的增值税小规模纳税人,可以享受增值税加计抵减政策吗?

答:不可以,加计抵减政策是按照一般纳税人当期可抵扣的进项税额的10%计算的,只有增值税一般纳税人才可以享受增值税加计抵减政策。

问1-63 增值税加计抵减政策规定的"纳税人确定适用加计抵减政策后,当年内不再调整",具体是指什么?

答:是指增值税一般纳税人确定适用加计抵减政策后,一个自然年度内不再调整。下一个自然年度,再按照上一年的实际情况重新计算确定是否适用加计抵减政策。

问1-64 增值税加计抵减政策规定"纳税人可计提但未计提的加计抵减额,可在确定适用加计抵减政策当期一并计提",请举例说明如何适用该条例。

答:举例而言,新设立的符合条件的纳税人可能会存在这种情况,如某纳税人2019年4月设立,2019年5月登记为一般纳税人,2019年6月若符合条件,可以确定适用加计抵减政策,6月份一并计提5~6月份的加计抵减额。

问1-65 按照现行规定不得从销项税额中抵扣的进项税额,是否可以计提加计抵减额?

答:不可以,只有当期可抵扣进项税额才能计提加计抵减额。

问1-66 已计提加计抵减额的进项税额,按规定作进项税额转出的,在计提加计抵减额时如何处理?

答:已计提加计抵减额的进项税额,如果发生了进项税额转出,则纳税人应在进项税额转出当期,相应调减加计抵减额。

问 1-67 增值税加计抵减额的计算公式是什么？

答：当期计提加计抵减额＝当期可抵扣进项税额×10%

当期可抵减加计抵减额＝上期末加计抵减额余额＋当期计提加计抵减额－当期调减加计抵减额

问 1-68 增值税一般纳税人有简易计税方法的应纳税额，其简易计税方法的应纳税额可以抵减加计抵减额吗？

答：增值税一般纳税人有简易计税方法的应纳税额，不可以从加计抵减额中抵减。加计抵减额只可以抵减一般计税方法下的应纳税额。

问 1-69 增值税一般纳税人按规定计提的当期加计抵减额，应当如何抵减应纳税额？

答：增值税一般纳税人当期应纳税额大于零时，就可以用加计抵减额抵减当期应纳税额，当期未抵减完的，结转下期继续抵减。

问 1-70 增值税一般纳税人如果当期应纳税额等于零，则当期可抵减加计抵减额如何处理？

答：增值税一般纳税人如果当期应纳税额等于零，则当期计提的加计抵减额全部结转下期继续抵减。

问 1-71 符合条件的增值税一般纳税人出口货物劳务、发生跨境应税行为是否适用加计抵减政策？

答：增值税一般纳税人出口货物劳务、发生跨境应税行为不适用加计抵减政策，其对应的进项税额也不能计提加计抵减额。

问 1-72 增值税一般纳税人兼营出口货物劳务、发生跨境应税行为且无法划分不得计提加计抵减额的进项税额，应当如何处理？

答：不得计提加计抵减额的进项税额＝当期无法划分的全部进项税额×当期出口货物劳务和发生跨境应税行为的销售额÷当期全部销售额

问 1-73 加计抵减政策执行到期后,增值税一般纳税人结余未抵减完的加计抵减额如何处理?

答:加计抵减政策执行到期后,增值税一般纳税人结余的加计抵减额停止抵减。

问 1-74 假设 A 公司是一家研发企业,于 2019 年 4 月新设立,但是 4~7 月未开展生产经营,销售额均为 0,自 8 月起才有销售额,那么 A 公司该从什么时候开始计算销售额判断是否适用加计抵减政策?

答:《财政部 税务总局 海关总署 关于深化增值税改革有关政策的公告》(财政部 税务总局 海关总署公告 2019 年第 39 号)规定,2019 年 4 月 1 日后设立的纳税人,根据自设立之日起 3 个月的销售额判断当年是否适用加计抵减政策。如果纳税人前 3 个月的销售额均为 0,则应自该纳税人形成销售额的当月起计算 3 个月来判断是否适用加计抵减政策。因此,A 公司应根据 2019 年 8~10 月的销售额判断当年是否适用加计抵减政策。

问 1-75 如果某公司 2019 年适用加计抵减政策,且截至 2019 年底还有 20 万元的加计抵减额余额尚未抵减完。2020 年该公司因经营业务调整不再适用加计抵减政策,那么这 20 万元的加计抵减额余额如何处理?

答:该公司 2020 年不再适用加计抵减政策,则 2020 年该公司不得再计提加计抵减额。但是,其 2019 年未抵减完的 20 万元,是可以在 2020 年至 2021 年度继续抵减的。

(四)关于留抵退税方面

问 1-76 与 2018 年相比,这次留抵退税还区分行业吗?是否所有行业都可以申请留抵退税?

答:这次留抵退税,是全面试行留抵退税制度,不再区分行业,只要增值税一般纳税人符合规定的条件,都可以申请退还增值税增量留抵税额。

问 1-77 什么是增量留抵?为什么只对增量部分给予退税?

答：增量留抵税额，是指与 2019 年 3 月底相比新增加的期末留抵税额。对增量部分给予退税，一方面是基于鼓励企业扩大再生产的考虑；另一方面是基于财政可承受能力的考虑，若一次性将存量和增量的留抵税额全部退税，财政短期内不可承受。因而这次只对增量部分实施留抵退税，存量部分视情况逐步消化。

问 1-78 2019 年 4 月 1 日以后新设立的纳税人，如何计算增量留抵税额？

答：《财政部 税务总局 海关总署 关于深化增值税改革有关政策的公告》（财政部 税务总局 海关总署公告 2019 年第 39 号）规定，增量留抵税额是指与 2019 年 3 月底相比新增加的期末留抵税额。2019 年 4 月 1 日以后新设立的纳税人，2019 年 3 月底的留抵税额为 0，因此其增量留抵税额即当期的期末留抵税额。

问 1-79 申请留抵退税的条件是什么？

答：一共有五个条件。一是从 2019 年 4 月税款所属期起，连续 6 个月增量留抵税额均大于零，且第六个月增量留抵税额不低于 50 万元；二是纳税信用等级为 A 级或者 B 级；三是申请退税前 36 个月未发生骗取留抵退税、出口退税或者虚开增值税专用发票的情形；四是申请退税前 36 个月未因偷税被税务机关处罚两次及以上；五是自 2019 年 4 月 1 日起未享受即征即退或先征后返（退）政策。

问 1-80 为什么要设定连续六个月增量留抵税额大于零，且第六个月增量留抵税额不低于 50 万元的退税条件？

答：这主要是基于退税效率和成本效益的考虑。连续六个月增量留抵税额大于零，说明增值税一般纳税人常态化存在留抵税额，单靠自身生产经营难以在短期内消化，因而有必要给予退税；不低于 50 万元，是给退税数额设置的门槛，低于这个标准给予退税，会影响行政效率，也会增加纳税人的办税负担。

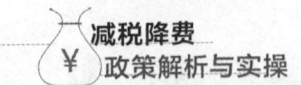

问 1-81 纳税信用等级为 M 级的新办增值税一般纳税人是否可以申请留抵退税?

答:退税要求的条件之一是纳税信用等级为 A 级或者 B 级,纳税信用等级为 M 级的纳税人不符合《财政部 税务总局 海关总署 关于深化增值税改革有关政策的公告》(财政部 税务总局 海关总署公告 2019 年第 39 号)规定的申请退还增量留抵税额的条件。

问 1-82 为什么要限定申请退税前 36 个月未因偷税被税务机关处罚两次及以上?

答:《中华人民共和国刑法》第二百零一条第四款规定:"有第一款行为,经税务机关依法下达追缴通知后,补缴应纳税款,缴纳滞纳金,已受行政处罚的,不予追究刑事责任。但是,五年内因逃避缴纳税款受过刑事处罚或者被税务机关给予二次以上行政处罚的除外。"也就是说偷税行为"首罚不刑""两罚入刑",留抵退税按照刑法标准做了规范。

问 1-83 退税计算方面,进项构成比例是什么意思?应该如何计算?

答:进项构成比例,是指 2019 年 4 月至申请退税前一税款所属期内已抵扣的增值税专用发票(含税控机动车销售统一发票)、海关进口增值税专用缴款书、解缴税款完税凭证注明的增值税额占同期全部已抵扣进项税额的比重。计算时,需要将上述发票汇总后计算所占的比重。

问 1-84 退税流程方面,为什么必须要在申报期内提出申请?

答:留抵税额是个时点数,会随着增值税一般纳税人每一期的申报情况发生变化,因而提交留抵退税申请必须在申报期完成,以免对退税数额计算和后续核算产生影响。

问 1-85 申请留抵退税的增值税一般纳税人,若同时发生出口货物劳务、发生跨境应税行为,应如何申请退税?

答:增值税一般纳税人出口货物劳务、发生跨境应税行为,适用免抵退税办法的，办理免抵退税后，仍符合留抵退税规定条件的，可以申请退还留抵税额，也就是说要按照"先免抵退税，后留抵退税"的原则进行判断；同时，适用免退税办法的，相关进项税额不得用于退还留抵税额。

问 1-86 增值税一般纳税人取得退还的留抵税额后，应如何进行核算？

答：增值税一般纳税人取得退还的留抵税额后，应相应调减当期留抵税额，并在申报表和会计核算中予以反映。

问 1-87 增值税一般纳税人取得退还的留抵税额后，若当期又产生新的留抵，是否可以继续申请退税？

答：增值税一般纳税人取得退还的留抵税额后，又产生新的留抵，要重新按照退税资格条件进行判断。特别要注意的是，"连续六个月增量留抵税额均大于零"的条件中"连续六个月"是不可重复计算的，即此前已申请退税"连续六个月"的计算期间，不能再次计算，也就是纳税人一个会计年度中，申请退税最多两次。

问 1-88 加计抵减额可以申请留抵退税吗？

答：加计抵减政策属于税收优惠，按照纳税人可抵扣的进项税额的10%计算，用于抵减纳税人的应纳税额。但加计抵减额并不是纳税人的进项税额，从加计抵减额的形成机制来看，加计抵减不会形成留抵税额，因而也不能申请留抵退税。

问 1-89 增值税一般纳税人购进旅客运输服务未取得增值税专用发票，计算抵扣所形成的留抵税额可以申请退税吗？

答：从设计原理看，留抵退税对应的发票应为增值税专用发票（含税控机动车销售统一发票）、海关进口增值税专用缴款书以及解缴税款完税凭证。即旅客运输服务计算抵扣的部分并不在退税的范围之内。但由于退税采用公式计算，因而上述进项税额并非直接排除在留抵退税的范围之外，而是通过增加分母比重的形式进行了排除。

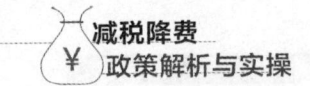

（五）关于发票开具和征管方面

问1-90 营改增一般纳税人转登记日前连续12个月（以1个月为1个纳税期）或者连续4个季度（以1个季度为1个纳税期）累计销售额未超过500万元的，在2019年12月31日前，是否可选择转登记为小规模纳税人？

答：可选择转登记为小规模纳税人。

问1-91 我可以采取哪种方式升级税控开票软件？

答：为便利纳税人及时升级税控开票软件，税务机关提供了多种渠道供纳税人选择。一是在线升级，纳税人只要在互联网连接状态下登录税控开票软件，系统会自动提示升级，只要根据提示即可完成升级操作；二是自行下载升级，纳税人可以在税务机关或者税控服务单位的官方网站上自行下载开票软件升级包；三是点对点辅导升级，如果纳税人属于不具备互联网连接条件的特定纳税人或者在线升级过程中遇到问题，可以主动联系税控服务单位享受点对点升级辅导服务。

问1-92 我完成税控开票软件升级后，可以立即开具调整后税率的增值税发票吗？

答：纳税人完成税控开票软件升级后，在4月1日之后才能选择调整后税率开具增值税发票。

问1-93 我是增值税一般纳税人，2019年3月份发生增值税销售行为，但尚未开具增值税发票，请问我在4月1日后如需补开发票，应当按照调整前税率还是调整后税率开具发票？

答：一般纳税人在增值税税率调整前未开具增值税发票的增值税应税销售行为，需要在4月1日之后补开增值税发票的，应当按照原适用税率补开。

问1-94 我是增值税一般纳税人，2019年3月底发生增值税销售行为，并开具增值税专用发票。4月3日，购买方告知，需要将货物退回，此时，我方尚未将增值税专用发票交付给购买方。请问我应当如何开具发票？

答：一般纳税人在增值税税率调整前已按原适用税率开具的增值税发票，因发生销售折让、中止或者退回等情形需要开具红字发票的，如果购买方尚未用于申报抵扣，销售方可以在购买方将发票联及抵扣联退回后，在增值税发票管理系统中填开并上传《开具红字增值税专用发票信息表》，并按照调整前税率开具红字发票。

问 1-95 我是一名可以享受加计抵减政策的鉴证咨询业一般纳税人，请问在 4 月 1 日后，我认证进项增值税专用发票的操作流程有没有变化？

答：没有任何变化，您可以按照现有流程扫描认证纸质发票或者在增值税发票选择确认平台进行勾选确认。

问 1-96 我单位取得了一张票面税率栏次填写错误的增值税普通发票，应该如何处理？

答：《中华人民共和国发票管理办法》规定："不符合规定的发票，不得作为财务报销凭证，任何单位和个人有权拒收。"因此，您可将已取得的发票联次退回销售方，并要求销售方重新为您开具正确的发票。

问 1-97 我在完成税控开票软件升级后，可以立即开具调整后税率的增值税发票吗？

答：增值税发票税控开票软件对调整后税率的启用时点进行了自动控制。4 月 1 日零时前，纳税人只能选择调整前的税率开具发票；4 月 1 日零时后，才可以选择调整后的税率开具发票。

问 1-98 我是一名增值税一般纳税人，2019 年 3 月份在销售适用 16% 税率货物时，错误选择 13% 税率开具了增值税发票。请问我应当如何处理？

答：您应当及时在税控开票软件中作废发票或按规定开具红字发票后，重新按照正确税率开具发票。

问 1-99 我是一名通过第三方电子发票平台开具增值税电子普通发票的纳税人，请问我应当如何确保 4 月 1 日后开具调整后税率的发票？

答：您应当及时联系第三方电子发票平台服务提供商或平台开发商对电子发票开具系统进行升级完善，确保4月1日起能够按照调整后税率开具增值税电子普通发票。

问 1-100 2019年4月1日后，按照原适用税率补开发票的，怎么进行申报？

答：申报表调整后，纳税人申报适用16%、11%等原增值税税率应税项目时，按照申报表调整前后的对应关系，分别填写相关栏次。

（六）关于纳税申报方面

问 1-101 纳税人符合加计抵减政策条件，是否需要办理什么手续？

答：按照《财政部 税务总局 海关总署 关于深化增值税改革有关政策的公告》（财政部 税务总局 海关总署公告2019年第39号）规定，适用加计抵减政策的生产、生活服务业纳税人，应在年度首次确认适用加计抵减政策时，通过电子税务局（或前往办税服务厅）提交《适用加计抵减政策的声明》。

问 1-102 适用加计抵减政策的纳税人，怎么申报加计抵减额？

答：适用加计抵减政策的生产、生活服务业纳税人，当期按照规定可计提、调减、抵减的加计抵减额，在申报时填写在《增值税纳税申报表附列资料（四）》"二、加计抵减情况"相关栏次。

问 1-103 纳税人当期按照规定调减加计抵减额，形成了负数怎么申报？

答：适用加计抵减政策的生产、生活服务业纳税人，当期发生了进项税额转出，按规定调减加计抵减额后，形成的可抵减额负数，应填写在《增值税纳税申报表附列资料（四）》"二、加计抵减情况"第4列"本期可抵减额"中，通过表中公式运算，可抵减额负数计入当期"期末余额"栏中。

问 1-104 不动产实行一次性抵扣政策后，截至2019年3月税款所属期待抵扣不动产进项税额，怎样进行申报？

答：按照规定，截至2019年3月税款所属期，《增值税纳税申报表附列资料（五）》第6栏"期末待抵扣不动产进项税额"的期末余额，可以自2019年4月税款所属期结转填入《增值税纳税申报表附列资料（二）》第8b栏"其他"中。

问 1-105 纳税人购进国内旅客运输服务，取得增值税专用发票，按规定可抵扣的进项税额怎么申报？

答：纳税人购进国内旅客运输服务，取得增值税专用发票，按规定可抵扣的进项税额，在申报时填写在《增值税纳税申报表附列资料（二）》"（一）认证相符的增值税专用发票"对应栏次中。

问 1-106 纳税人购进国内旅客运输服务，取得增值税电子普通发票或注明旅客身份信息的航空、铁路等票据，按规定可抵扣的进项税额怎么申报？

答：纳税人购进国内旅客运输服务，取得增值税电子普通发票或注明旅客身份信息的航空、铁路等票据，按规定可抵扣的进项税额，在申报时填写在《增值税纳税申报表附列资料（二）》第8b栏"其他"中。

问 1-107 2019年5月1日起，增值税一般纳税人在办理纳税申报时，需要填报哪几张表？

答：为进一步优化纳税服务，减轻纳税人负担，税务总局对增值税一般纳税人申报资料进行了简化：自2019年5月1日起，一般纳税人在办理纳税申报时，只需要填报"一主表四附表"，即申报表主表和附列资料（一）（二）（三）（四），《增值税纳税申报表附列资料（五）》《营改增税负分析测算明细表》不再需要填报。

问 1-108 适用加计抵减政策的纳税人，以前税款所属期可计提但未计提的加计抵减额，怎样进行申报？

答：适用加计抵减政策的生产、生活服务业纳税人，可计提但未计提的加计抵减额，可在确定适用加计抵减政策当期一并计提，在申报时填写在《增

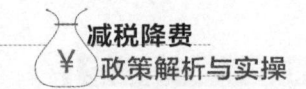

值税纳税申报表附列资料（四）》"二、加计抵减情况"第 2 列"本期发生额"中。

（七）关于出口退税方面

问 1-109 此次深化增值税改革，出口退税率做了哪些调整？

答：16%、10%两档增值税税率下调后，出口退税率也做了相应调整，即原适用 16%税率且出口退税率为 16%的出口货物劳务，出口退税率调整为 13%；原适用 10%税率且出口退税率为 10%的出口货物、跨境应税行为，出口退税率调整为 9%。除上述调整外，其他退税率保持不变。

问 1-110 调整后的出口退税率什么时间开始执行？是否设置了过渡期？

答：出口退税率调整自 2019 年 4 月 1 日起执行。为给出口企业消化前期购进的货物、原材料等库存留出时间，此次出口退税率调整设置了 3 个月的过渡期，即 2019 年 6 月 30 日前，企业出口货物劳务、发生跨境应税行为，可根据具体的情形适用相应的过渡期规定，过渡期后再统一按调整后的退税率执行。

问 1-111 某货物原增值税适用税率为 16%、出口退税率为 13%，4 月 1 日后退税率会调整吗？

答：本次改革，除"原适用 16%税率且出口退税率为 16%的出口货物劳务"及"原适用 10%税率且出口退税率为 10%的出口货物、跨境应税行为"外，其他货物劳务、跨境应税行为的出口退税率保持不变。因此，原"增值税适用税率为 16%、出口退税率为 13%"的货物，改革后适用税率降至 13%，出口退税率仍保持 13%不变。

问 1-112 适用增值税免退税办法的出口企业，在 2019 年 6 月 30 日前出口涉及退税率调整的货物劳务，以及发生涉及退税率调整的跨境应税行为，出口退税率如何适用？

答：适用增值税免退税办法的出口企业，在2019年6月30日前（含2019年4月1日前）出口涉及退税率调整的货物劳务，以及发生涉及退税率调整的跨境应税行为，购进时已按调整前税率征收增值税的，执行调整前的出口退税率；购进时已按调整后税率征收增值税的，执行调整后的出口退税率。

问 1-113 适用增值税免抵退税办法的出口企业，在2019年6月30日前出口涉及退税率调整的货物劳务，以及发生涉及退税率调整的跨境应税行为，适用什么出口退税率？

答：适用增值税免抵退税办法的出口企业，在2019年6月30日前出口涉及退税率调整的货物劳务，以及发生涉及退税率调整的跨境应税行为，执行调整前的出口退税率。

问 1-114 某外贸企业在2019年4月1日前购进一批原征16%退16%的货物，但在2019年6月30日后才报关出口，适用什么出口退税率？

答：2019年6月30日后，统一执行调整后的出口退税率，因此，该批出口货物适用13%的退税率。

问 1-115 外贸企业在4月1日前将涉及退税率调整的货物报关出口，4月1日后取得按调整后税率开具的购进货物增值税专用发票，适用什么出口退税率？

答：外贸企业在4月1日前报关出口的货物，4月1日后取得按调整后开具的购进货物增值税专用发票，在办理退税时，适用调整后的退税率。

问 1-116 此次出口退税率调整后，退税率有几个档次？

答：本次出口退税率调整后，退税率档次由改革前的16%、13%、10%、6%、0%调整为13%、10%、9%、6%、0%，仍保持五档。

问 1-117 过渡期内适用增值税免抵退税办法的企业出口货物劳务、发生跨境应税行为，怎么解决在计算免抵退时出现的适用税率小于出口退税率的问题？

答：过渡期内适用免抵退税办法的企业出口货物劳务、发生跨境应税行为，在计算免抵退税时，适用税率低于出口退税率的，适用税率与出口退税率之差视为零参与免抵退税计算。

问 1-118 调整出口退税率的执行时间按什么确定？

答：调整出口退税率的执行时间及出口货物劳务、发生跨境应税行为的时间按以下规定执行：报关出口的货物劳务（保税区及经保税区出口除外），以海关出口报关单上注明的出口日期为准；非报关出口的货物劳务、跨境应税行为，以出口发票或普通发票的开具时间为准；保税区及经保税区出口的货物，以货物离境时海关出具的出境货物备案清单上注明的出口日期为准。

（八）关于离境退税方面

问 1-119 什么是离境退税政策？

答：离境退税政策，是指境外旅客在离境口岸离境时，对其在退税商店购买的退税物品退还增值税的政策。

这里的"境外旅客"，是指在我国境内连续居住不超过183天的外国人和港澳台同胞。"离境口岸"，是指实施离境退税政策的地区正式对外开放并设有退税代理机构的口岸，包括航空口岸、水运口岸和陆地口岸。"退税物品"，是指由境外旅客本人在退税商店购买且符合退税条件的个人物品，但不包括下列物品：（1）《中华人民共和国禁止、限制进出境物品表》所列的禁止、限制出境物品；（2）退税商店销售的适用增值税免税政策的物品；（3）财政部、海关总署、国家税务总局规定的其他物品。

问 1-120 哪些地区可以实施离境退税政策？

答：全国符合条件的地区，经财政部、海关总署、税务总局备案后，均可实施离境退税政策。截至目前，实施离境退税政策的地区共有26个，包括北京、上海、天津、安徽、福建、四川、厦门、辽宁、青岛、深圳、江苏、云南、陕西、广东、黑龙江、山东、新疆、河南、宁夏、湖南、甘肃、海南、重庆、河北、广西、江西。

问 1-121 拟实施离境退税政策的地区需符合哪些条件?

答:实施离境退税政策的地区需符合以下条件:(1)该地区省级人民政府同意实施离境退税政策,提交实施方案,自行负担必要的费用支出,并为海关、税务监管提供相关条件;(2)该地区能够建立有效的部门联合工作机制,在省级人民政府统一领导下,由财政部门会同海关、税务等有关部门共同协调推进,确保本地区工作平稳有序开展;(3)使用国家税务总局、海关总署确定的跨部门、跨地区的互联互通的离境退税信息管理系统;(4)符合财政部、海关总署和国家税务总局要求的其他条件。

问 1-122 拟实施离境退税政策的地区如何向财政部、海关总署、税务总局备案?

答:符合上述条件的地区,应由省级人民政府将包括拟实施日期、离境口岸、退税代理机构、办理退税场所、退税手续费负担机制、退税商店选择情况和离境退税信息管理系统试运行等情况的离境退税政策实施方案报财政部、海关总署和国家税务总局备案,备案后该地区即可实施离境退税政策。

问 1-123 境外旅客购物申请离境退税需符合哪些条件?

答:(1)同一境外旅客同一日在同一退税商店购买的退税物品金额达到 500 元人民币;(2)退税物品尚未启用或消费;(3)离境日距退税物品购买日不超过 90 天;(4)所购退税物品由境外旅客本人随身携带或随行托运出境。

问 1-124 境外旅客如何申请办理离境退税?

答:境外旅客购物离境退税的办理流程可分为旅客购物申请开单开票、海关验核确认、代理机构审核退税三个环节。具体来说:

(1)旅客购物申请开单开票:境外旅客在退税商店购买退税物品后,需要申请退税的,应当向退税商店索取境外旅客购物离境退税申请单和销售发票。(2)海关验核确认:境外旅客在离境口岸离境时,应当主动持退税物品、退税申请单、退税物品销售发票向海关申报并接受海关验核。海关验核无误后,在境外旅客购物离境退税申请单上签章。(3)代理机构审核退税:境外旅客凭护照等本人有效身份证件、海关验核签章的退税申请单、退税物品销售发票向设在办理境外旅客离境手续的离境口岸隔离区内的退税代理机构申请办理退税。退税代理机构对相关信息审核无误后，为境外旅客办理退税。

问 1—125 2019 年深化增值税改革中，离境退税政策做了哪些调整？

答：根据今年深化增值税改革方案，增值税税率由 16% 和 10% 分别调整为 13% 和 9%。为配合税率调整，离境退税物品的退税率相应调整，针对适用税率为 9% 的物品，增加了 8% 的退税率，其他物品，仍维持 11% 的退税率。也就是说，自 2019 年 4 月 1 日起，将退税物品的退税率由原 11% 一档调整为 11% 和 8% 两档：适用税率为 13% 的退税物品，退税率为 11%；适用税率为 9% 的退税物品，退税率为 8%。同时，为了最大限度保证境外旅客权益，退税率调整设置了 3 个月的过渡期。过渡期内，境外旅客购买的退税物品，如果已经按照调整前税率征收增值税的，仍然按照调整前 11% 的退税率计算退税。

问 1—126 如何确定本次离境退税物品退税率调整的执行时间？

答：退税物品退税率执行时间，以境外旅客购买退税物品取得的增值税普通发票开具日期为准。

问 1—127 某境外旅客 2019 年 3 月 20 日到我国游玩，2019 年 3 月 21 日在北京某退税商店购买了一只皮箱，取得了退税商店当天为其开具的增值税普通发票及相应退税申请单，发票上注明皮箱税率 16%。2019 年 4 月 25 日，该境外旅客离境，在为该旅客办理离境退税时，应使用哪档退税率计算皮箱退税额？

答：应按照 11% 的退税率计算。

问 1—128 某境外旅客 2019 年 3 月 20 日到我国游玩，2019 年 3 月 21 日在北京某退税商店购买了一批中药饮片，取得了退税商店当天为其开具的增值税普通发票及相应退税申请单，发票上注明税率 10%。2019 年 4 月 25 日，该境外旅客离境，在为该旅客办理离境退税时，应使用哪档退税率计算中药饮片退税额?

答:按照过渡期内,境外旅客购买的退税物品,如果已经按照调整前税率征收增值税的,仍然执行调整前退税率的原则,应使用11%的退税率计算中药饮片的退税额。

(九)关于附加税费的计税依据方面

问1-129 此次深化增值税改革中,增值税期末留抵退税涉及的城市维护建设税、教育费附加和地方教育附加如何计算?

答:此次深化增值税改革涉及增值税期末留抵退税也适用《财政部 税务总局 关于增值税期末留抵退税有关城市维护建设税 教育费附加和地方教育附加政策的通知》(财税〔2018〕80号)规定,即对实行增值税期末留抵退税的纳税人,允许其从城市维护建设税、教育费附加和地方教育附加的计税(征)依据中扣除退还的增值税税额。

第二章 企业所得税

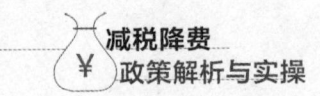

第一节 居民企业税收优惠

一、小型微利企业普惠性所得税减免政策

（一）政策依据

（1）《财政部 税务总局 关于实施小微企业普惠性税收减免政策的通知》（财税〔2019〕13号）

（2）《国家税务总局 关于实施小型微利企业普惠性所得税减免政策有关问题的公告》（国家税务总局公告2019年第2号，以下简称《公告》）

（二）主要内容

（1）自2019年1月1日至2021年12月31日，对小型微利企业年应纳税所得额不超过100万元的部分，减按25%计入应纳税所得额，按20%的税率缴纳企业所得税；对年应纳税所得额超过100万元但不超过300万元的部分，减按50%计入应纳税所得额，按20%的税率缴纳企业所得税。

小型微利企业无论按查账征收方式或核定征收方式缴纳企业所得税，均可享受上述优惠政策。

（2）小型微利企业是指从事国家非限制和禁止行业，且同时符合年度应纳税所得额不超过300万元、从业人数不超过300人、资产总额不超过5000万元等三个条件的企业。

(三) 政策解析

1. 《公告》出台背景

为了贯彻习近平总书记关于减税降费工作的重要指示精神,落实党中央、国务院关于支持小微企业发展的决策部署,财政部、税务总局发布《关于实施小微企业普惠性税收减免政策的通知》(财税〔2019〕13号,以下简称《通知》),进一步加大企业所得税优惠力度,放宽小型微利企业标准。《通知》规定,自2019年1月1日至2021年12月31日,从事国家非限制和禁止行业,且同时符合年度应纳税所得额不超过300万元、从业人数不超过300人、资产总额不超过5000万元等三个条件的企业,对其年应纳税所得额不超过100万元的部分,减按25%计入应纳税所得额,按20%的税率缴纳企业所得税;对年应纳税所得额超过100万元但不超过300万元的部分,减按50%计入应纳税所得额,按20%的税率缴纳企业所得税。为确保广大企业能够及时、准确享受上述政策,税务总局制定了《公告》。

2. 《公告》主要内容

(1) 明确小型微利企业普惠性所得税减免政策的适用范围。为了确保小型微利企业应享尽享普惠性所得税减免政策,《公告》明确,只要企业符合条件,无论其企业所得税是实行查账征收还是核定征收,均可以享受小型微利企业普惠性所得税减免政策。

(2) 明确预缴企业所得税时小型微利企业的判断方法。从2019年度开始,在预缴企业所得税时,企业可直接按当年度截至本期末的资产总额、从业人数、应纳税所得额等情况判断是否为小型微利企业。与此前需要结合企业上一个纳税年度是否为小型微利企业的情况进行判断相比,方法更简单、确定性更强。

具体判断方法为:资产总额、从业人数指标比照《通知》第二条规定中"全年季度平均值"的计算公式,计算截至本期末的季度平均值;年应纳税所得额指标按截至本期末不超过300万元的标准判断。

例2-1 A企业2017年成立,从事国家非限制和禁止行业,2019年各季度的资产总额、从业人数以及累计应纳税所得额情况如表2-1所示。

表2-1

季度	从业人数		资产总额（万元）		应纳税所得额（累计值，万元）
	期初	期末	期初	期末	
第1季度	120	200	2000	4000	150
第2季度	400	500	4000	6600	200
第3季度	350	200	6600	7000	280
第4季度	220	210	7000	2500	350

解析：A企业在预缴2019年度企业所得税时，判断是否符合小型微利企业条件的具体过程见表2-2。

表2-2

	指标	第1季度	第2季度	第3季度	第4季度
从业人数	季初	120	400	350	220
	季末	200	500	200	210
	季度平均值	(120+200)÷2=160	(400+500)÷2=450	(350+200)÷2=275	(220+210)÷2=215
	截至本期末季度平均值	160	(160+450)÷2=305	(160+450+275)÷3=295	(160+450+275+215)÷4=275
资产总额（万元）	季初	2000	4000	6600	7000
	季末	4000	6600	7000	2500
	季度平均值	(2000+4000)÷2=3000	(4000+6600)÷2=5300	(6600+7000)÷2=6800	(7000+2500)÷2=4750
	截至本期末季度平均值	3000	(3000+5300)÷2=4150	(3000+5300+6800)÷3=5033.33	(3000+5300+6800+4750)÷4=4962.5
应纳税所得额（累计值，万元）		150	200	280	350
判断结果		符合	不符合（从业人数超标）	不符合（资产总额超标）	不符合（应纳税所得额超标）

例 2-2 B 企业 2019 年 5 月成立,从事国家非限制和禁止行业,2019年各季度的资产总额、从业人数以及累计应纳税所得额情况如表 2-3 所示。

表 2-3

季度	从业人数		资产总额（万元）		应纳税所得额
	期初	期末	期初	期末	（累计值,万元）
第 2 季度	100	200	1500	3000	200
第 3 季度	260	300	3000	5000	350
第 4 季度	280	330	5000	6000	280

解析：B 企业在预缴 2019 年度企业所得税时,判断是否符合小型微利企业条件的具体过程见表 2-4。

表 2-4

指标		第 2 季度	第 3 季度	第 4 季度
从业人数	季初	100	260	280
	季末	200	300	330
	季度平均值	(100+200)÷2=150	(260+300)÷2=280	(280+330)÷2=305
	截至本期末季度平均值	150	(150+280)÷2=215	(150+280+305)÷3=245
资产总额（万元）	季初	1500	3000	5000
	季末	3000	5000	6000
	季度平均值	(1500+3000)÷2=2250	(3000+5000)÷2=4000	(5000+6000)÷2=5500
	截至本期末季度平均值	2250	(2250+4000)÷2=3125	(2250+4000+5500)÷3=3916.67
应纳税所得额（累计值,万元）		200	350	280
判断结果		符合	不符合（应纳税所得额超标）	符合

（3）明确预缴企业所得税时小型微利企业实际应纳所得税额和减免税额的计算方法。根据《通知》规定,小型微利企业年应纳税所得额不超过 100

万元、超过100万元但不超过300万元的部分，分别减按25%、50%计入应纳税所得额，按20%的税率缴纳企业所得税。

例2-3 C企业2019年第1季度预缴企业所得税时，经过判断不符合小型微利企业条件，但是此后的第2季度和第3季度预缴企业所得税时，经过判断符合小型微利企业条件。第1季度至第3季度预缴企业所得税时，相应的累计应纳税所得额分别为50万元、100万元、200万元。

解析：C企业在预缴2019年第1季度至第3季度企业所得税时，实际应纳所得税额和减免税额的计算过程见表2-5。

表2-5

计算过程	第1季度	第2季度	第3季度
预缴时，判断是否为小型微利企业	不符合小型微利企业条件	符合小型微利企业条件	符合小型微利企业条件
应纳税所得额（累计值，万元）	50	100	200
实际应纳所得税额（累计值，万元）	$50 \times 25\% = 12.5$	$100 \times 25\% \times 20\% = 5$	$100 \times 25\% \times 20\% + (200 - 100) \times 50\% \times 20\% = 15$
本期应补（退）所得税额（万元）	12.5	0（5-12.5<0，本季度应缴税款为0）	$15 - 12.5 = 2.5$
已纳所得税额（累计值，万元）	12.5	$12.5 + 0 = 12.5$	$12.5 + 0 + 2.5 = 15$
减免所得税额（累计值，万元）	$50 \times 25\% - 12.5 = 0$	$100 \times 25\% - 5 = 20$	$200 \times 25\% - 15 = 35$

（4）明确小型微利企业的企业所得税预缴期限。为了推进办税便利化改革，从2016年4月开始，小型微利企业统一实行按季度预缴企业所得税。因此，按月度预缴企业所得税的企业，在年度中间4月、7月、10月的纳税申报期进行预缴申报时，如果按照规定判断为小型微利企业的，其纳税期限将统一调整为按季度预缴。同时，为了避免年度内频繁调整纳税期限，《公告》规定，一经调整为按季度预缴，当年度内不再变更。

（5）明确实行核定应纳所得税额征收方式的企业也可以享受小型微利企

业普惠性所得税减免政策。与实行查账征收方式和实行核定应税所得率征收方式的企业通过填报纳税申报表计算享受税收优惠不同，实行核定应纳所得税额征收方式的企业，由主管税务机关根据小型微利企业普惠性所得税减免政策的条件与企业的情况进行判断，符合条件的，由主管税务机关按照程序调整企业的应纳所得税额。相关调整情况，主管税务机关应当及时告知企业。

3.《公告》执行时间

《公告》是与《通知》相配套的征管办法，执行时间与其一致。

二、提高科技型中小企业研究开发费用税前加计扣除比例

（一）政策依据

（1）《财政部 税务总局 科技部 关于提高科技型中小企业研究开发费用税前加计扣除比例的通知》（财税〔2017〕34号）

（2）《国家税务总局 关于提高科技型中小企业研究开发费用税前加计扣除比例有关问题的公告》（国家税务总局公告2017年第18号）（以下简称《公告》）

（二）主要内容

（1）科技型中小企业开展研发活动中实际发生的研发费用，未形成无形资产计入当期损益的，在按规定据实扣除的基础上，在2017年1月1日至2019年12月31日期间，再按照实际发生额的75%在税前加计扣除；形成无形资产的，在上述期间按照无形资产成本的175%在税前摊销。

（2）科技型中小企业享受研发费用税前加计扣除政策的其他政策口径按照《财政部 国家税务总局 科技部 关于完善研究开发费用税前加计扣除政策的通知》（财税〔2015〕119号）规定执行。

（三）政策解析

1.《公告》出台背景

为进一步激励中小企业加大研发投入，支持科技创新，2017年4月19日国务院常务会议决定，自2017年1月1日至2019年12月31日，将科技型中

小企业研发费用税前加计扣除比例由50%提高至75%。根据国务院决定，2017年5月2日，财政部、税务总局和科技部制定下发了《关于提高科技型中小企业研究开发费用税前加计扣除比例的通知》（财税〔2017〕34号，以下简称《通知》），对提高科技型中小企业研究开发费用税前加计扣除比例问题进行了明确。2017年5月4日，科技部、财政部、税务总局联合发布了《关于印发〈科技型中小企业评价办法〉的通知》（国科发政〔2017〕115号，以下简称《评价办法》），明确了科技型中小企业的条件和管理办法。为进一步明确政策执行口径，保证优惠政策的贯彻实施，根据《通知》《评价办法》及其他相关规定，制定了《公告》。

2.《公告》主要内容

（1）明确形成无形资产的研发费用加计扣除口径。考虑到提高科技型中小企业研发费用税前加计扣除比例政策执行期限为3年，而无形资产摊销涉及多个年度，为提高政策的确定性和可操作性，《通知》明确科技型中小企业开展研发活动中实际发生的研发费用形成无形资产的，在2017年1月1日至2019年12月31日期间按照无形资产成本的175%在税前摊销。

为便于理解和把握，《公告》对形成无形资产并适用《通知》规定优惠政策的情形做了进一步明确，即：2019年12月31日以前形成的无形资产，包括在2017年以前年度及2017年1月1日至2019年12月31日期间形成的无形资产，在2017年1月1日至2019年12月31日期间发生的摊销费用，均可以适用《通知》规定的提高加计扣除比例的优惠政策。

例2-4 某科技型中小企业在2016年1月通过研发形成无形资产，计税基础为100万元，摊销年限为10年。假设其计税基础所归集的研发费用均属于允许加计扣除的范围，则其在2016年度按照现行规定可税前摊销15（10×150%）万元，2017、2018、2019年度每年可税前摊销17.5（10×175%）万元。

例2-5 某科技型中小企业在2018年1月通过研发形成无形资产，计税基础为100万元，摊销年限为10年。假设其计税基础所归集的研发费用均属于允许加计扣除的范围，则其在 2018、2019 年度每年均可税前摊销 17.5（10×175%）万元。

（2）明确《通知》与《评价办法》的衔接。按照《评价办法》，科技型中小企业是否符合条件，主要依据其上一年度数据进行判断。因此，科技型中小企业经公示并取得入库登记编号说明其上一年度符合科技型中小企业的条件。其中包括两种情况：一是企业上一年度没有取得入库登记编号，本年新取得入库登记编号的；二是上一年度已取得入库登记编号，本年更新信息后仍符合条件从而又取得入库登记编号的。由此，综合考虑《通知》和《评价办法》相关规定的有效衔接问题，《公告》明确企业在汇算清缴期内按照《评价办法》第十条、十一条、十二条规定取得科技型中小企业入库登记编号的，其汇算清缴年度可享受《通知》规定的优惠政策。企业按《评价办法》第十二条规定更新信息后不再符合条件的，其汇算清缴年度不得享受《通知》规定的优惠政策。

例 2-6 某科技型中小企业在 2018 年 5 月取得入库登记编号，2018 年 5 月正值 2017 年度汇算清缴期间，因此，该企业可以在 2017 年度享受《通知》规定的优惠政策；如该企业 2019 年 3 月底前更新信息后仍符合条件，可以在 2018 年度享受《通知》规定的优惠政策；如该企业 2019 年 3 月底前更新信息后不符合条件，则该企业在 2018 年度不得享受《通知》规定的优惠政策。

（3）简化备案要求。按照《评价办法》的规定，省级科技管理部门为入库企业赋予科技型中小企业登记编号。为简化备案报送资料，科技型中小企业按照《国家税务总局 关于发布〈企业所得税优惠政策事项办理办法〉的公告》（国家税务总局公告 2015 年第 76 号）规定办理备案时，将科技型中小企业的相应年度登记编号填入《企业所得税优惠事项备案表》"具有相关资格的批准文件（证书）及文号（编号）"栏次即可，不需另外向税务机关报送证明材料。

例 2-7 某科技型中小企业在办理 2017 年度优惠备案时，只将其在 2018 年汇算清缴期内取得的年度登记编号填入《企业所得税优惠事项备案表》

规定栏次即可。

（4）撤销登记编号的科技型中小企业不得享受优惠。享受《通知》规定的优惠政策的主体是科技型中小企业，因此，能否符合科技型中小企业条件是享受优惠政策的前提。按照《评价办法》的规定，科技型中小企业经公示确认并取得登记编号表明其符合科技型中小企业条件；不符合科技型中小企业条件而被科技部门撤销登记编号的企业，相应年度不得享受《通知》规定的优惠政策，已享受的应补缴相应年度的税款。

（5）明确研发费用口径。《通知》规定的优惠政策主要是提高了科技型中小企业研发费用加计扣除的比例，其他政策口径、管理事项仍按照《财政部 国家税务总局 科技部 关于完善研究开发费用税前加计扣除政策的通知》（财税〔2015〕119号）、《国家税务总局 关于企业研究开发费用税前加计扣除政策有关问题的公告》（国家税务总局公告2015年第97号）和《国家税务总局关于发布〈企业所得税优惠政策事项办理办法〉的公告》（国家税务总局公告2015年第76号）等文件规定执行。

（6）明确施行时间。《通知》规定的优惠政策的执行时间为2017年1月1日至2019年12月31日，与此相一致，公告适用于2017—2019年度企业所得税汇算清缴。

三、设备、器具扣除有关企业所得税政策

（一）政策依据

（1）《财政部 税务总局 关于设备器具扣除有关企业所得税政策的通知》（财税〔2018〕54号，以下简称《通知》）

（2）《国家税务总局 关于设备器具扣除有关企业所得税政策执行问题的公告》（国家税务总局公告2018年第46号，以下简称《公告》）

（二）主要内容

（1）企业在2018年1月1日至2020年12月31日期间新购进的设备、器

具,单位价值不超过500万元的,允许一次性计入当期成本费用在计算应纳税所得额时扣除,不再分年度计算折旧。

(2)单位价值超过500万元的固定资产,仍按照企业所得税法及其实施条例、《财政部 国家税务总局 关于完善固定资产加速折旧企业所得税政策的通知》(财税〔2014〕75号)、《财政部 国家税务总局 关于进一步完善固定资产加速折旧企业所得税政策的通知》(财税〔2015〕106号)、《国家税务总局关于固定资产加速折旧税收政策有关问题的公告》(国家税务总局公告2014年第64号)、《国家税务总局 关于进一步完善固定资产加速折旧企业所得税政策有关问题的公告》(国家税务总局公告2015年第68号)等相关规定执行。

(三)政策解析

1. 《公告》出台背景

为进一步支持科技创新,促进企业提质增效,根据国务院决定,财政部、税务总局先后于2014年、2015年两次下发文件,出台了固定资产加速折旧政策。主要包括:一是六大行业和四个领域重点行业企业新购进的固定资产允许加速折旧;二是上述行业小型微利企业新购进的研发和生产经营共用的仪器、设备,单位价值不超过100万元的,可一次性税前扣除;三是所有行业企业新购进的专门用于研发的仪器、设备,单位价值不超过100万元的,可一次性税前扣除,超过100万元,允许加速折旧;四是所有行业企业持有的单位价值不超过5000元的固定资产,可一次性税前扣除。

为进一步扩大优惠范围,引导企业加大设备、器具投资力度,提高企业创业创新积极性,2018年4月25日国务院常务会议决定,自2018年1月1日至2020年12月31日,将固定资产一次性税前扣除优惠政策范围由企业新购进的单位价值不超过100万元的研发仪器、设备扩大至企业新购进的单位价值500万元以下设备、器具。财政部和税务总局根据国务院决定,联合下发了《财政部 税务总局 关于设备器具扣除有关企业所得税政策的通知》(财税〔2018〕54号,以下简称《通知》),明确了设备、器具一次性税前扣除政策。

为贯彻落实好国务院常务会议精神及《通知》的政策规定,税务总局制定了《公告》，进一步明确相关政策具体执行口径和征管要求，保证政策有效贯彻实施。

2.《公告》主要内容

（1）明确设备、器具一次性税前扣除政策。《通知》规定，2018年1月1日至2020年12月31日，企业新购进的单位价值不超过500万元的设备、器具可一次性在税前扣除。考虑到本次政策受惠面比较广、企业享受意愿强，为增强政策确定性，便于具体操作，《公告》对有关执行口径进行了明确：

一是明确"购进"的概念。取得固定资产包括外购、自行建造、融资租入、捐赠、投资、非货币性资产交换、债务重组等多种方式。《公告》明确"购进"包括以货币形式购进或自行建造两种形式。将自行建造也纳入享受优惠的范围，主要是考虑到自行建造固定资产所使用的材料实际也是购进的，因此把自行建造的固定资产也看作是"购进"的。此外，"新购进"中的"新"字，只是区别于原已购进的固定资产，不是规定非要购进全新的固定资产，因此，《公告》明确以货币形式购进的固定资产包括企业购进的使用过的固定资产。

二是明确"单位价值"的计算方法。此前的政策文件中未对单位价值的计算方法进行明确。《通知》下发后，不少企业询问如何确定固定资产的单位价值，如是否包含安装费等。为统一政策执行口径，《公告》对单位价值的计算方法进行了明确。单位价值的计算方法与企业所得税法实施条例第五十八条规定的固定资产计税基础的计算方法保持一致，具体为：以货币形式购进的固定资产，以购买价款和支付的相关税费以及直接归属于使该资产达到预定用途发生的其他支出确定单位价值；自行建造的固定资产，以竣工结算前发生的支出确定单位价值。

三是明确购进时点的确定原则。设备、器具一次性税前扣除政策的执行时间为2018年1月1日至2020年12月31日，因此，需要依据设备、器具的购进时点确定其是否属于可享受优惠政策的范围。《公告》明确，以货币形式购进的固定资产，以发票开具时间确认购进时点。但考虑到分期付款可能会分批开具发票，赊销方式会在销售方取得货款后才开具发票的特殊情况，《公告》

对这两种情况进行了例外规定，以固定资产到货时间确认购进时点。对于自行建造的固定资产，以竣工结算时间确认购进时点。

（2）明确一次性税前扣除的时点。企业所得税法实施条例规定，企业应当自固定资产投入使用月份的次月起计算折旧。固定资产一次性税前扣除政策仅仅是固定资产税前扣除的一种特殊方式，因此，其税前扣除的时点应与固定资产计算折旧的处理原则保持一致。《公告》对此进行了相应规定。

例2-8 某企业于2018年12月购进了一项单位价值为300万元的设备并于当月投入使用，则该设备可在2019年一次性税前扣除。

（3）明确固定资产税务处理可与会计处理不一致。企业会计处理上是否采取一次性税前扣除方法，不影响企业享受一次性税前扣除政策，企业在享受一次性税前扣除政策时，不需要会计上也同时采取与税收上相同的折旧方法。

（4）明确企业可自主选择享受一次性税前扣除政策，但未选择的不得变更。实行一次性税前扣除政策后，纳税人可能会由于税前扣除的固定资产与财务核算的固定资产折旧费用不同，而产生复杂的纳税调整问题，加之一些固定资产核算期限较长，也会增加会计核算负担和遵从风险。对于短期无法实现盈利的亏损企业，选择实行一次性税前扣除政策会进一步加大亏损，且由于税法规定的弥补期限的限制，该亏损可能无法得到弥补，实际上减少了税前扣除额。此外，企业在定期减免税期间往往不会选择一次性税前扣除政策。考虑到享受税收优惠是纳税人的一项权利，纳税人可以自主选择是否享受优惠，因此，《公告》规定企业根据自身生产经营需要，可自行选择享受一次性税前扣除政策。但为避免恶意套取税收优惠，《公告》明确企业未选择享受的，以后年度不得再变更。需要注意的是，以后年度不得再变更的规定是针对单个固定资产而言，单个固定资产未选择享受的，不影响其他固定资产选择享受一次性税前扣除政策。

（5）明确企业享受一次性税前扣除政策的管理要求。为保证优惠政策的准确执行，《公告》明确按照《国家税务总局关于发布修订后的〈企业所得税优惠政策事项办理办法〉的公告》（国家税务总局公告2018年第23号）的

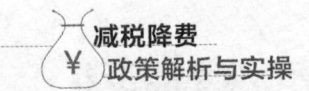

规定办理有关手续。此外，在国家税务总局公告2018年第23号规定的"固定资产加速折旧或一次性扣除"优惠事项主要留存备查资料的基础上，对留存备查资料的相关内容进行了调整，具体为：有关固定资产购进时点的资料（如以货币形式购进固定资产的合同、发票，以分期付款或赊销方式购进固定资产的到货时间说明，自行建造固定资产的竣工决算情况说明等）、固定资产记账凭证、核算有关资产税务处理与会计处理差异的台账。

（6）明确单位价值超过500万元的固定资产税务处理。为保证政策的完整性，《公告》明确单位价值超过500万元的固定资产，仍按照企业所得税法及其实施条例、《财政部 国家税务总局 关于完善固定资产加速折旧企业所得税政策的通知》（财税〔2014〕75号）、《财政部 国家税务总局 关于进一步完善固定资产加速折旧企业所得税政策的通知》（财税〔2015〕106号）、《国家税务总局 关于固定资产加速折旧税收政策有关问题的公告》（国家税务总局公告2014年第64号）、《国家税务总局 关于进一步完善固定资产加速折旧企业所得税政策有关问题的公告》（国家税务总局公告2015年第68号）等相关规定执行。

四、企业委托境外研究开发费用税前加计扣除和提高研究开发费用税前加计扣除比例

（一）政策依据

（1）《财政部 税务总局 科技部 关于企业委托境外研究开发费用税前加计扣除有关政策问题的通知》（财税〔2018〕64号）。

（2）《财政部 税务总局 科技部 关于提高研究开发费用税前加计扣除比例的通知》（财税〔2018〕99号）。

（二）主要内容

（1）企业开展研发活动中实际发生的研发费用，未形成无形资产计入当期损益的，在按规定据实扣除的基础上，在2018年1月1日至2020年12月

31日期间，再按照实际发生额的75%在税前加计扣除；形成无形资产的，在上述期间按照无形资产成本的175%在税前摊销。

（2）委托境外进行研发活动所发生的费用，按照费用实际发生额的80%计入委托方的委托境外研发费用。委托境外研发费用不超过境内符合条件的研发费用三分之二的部分，可以按规定在企业所得税前加计扣除。

（3）财税〔2018〕64号所称委托境外进行研发活动不包括委托境外个人进行的研发活动。

（4）财税〔2018〕64号文件自2018年1月1日起执行。

（三）政策解析

1. 取消企业委托境外研发费用不得加计扣除限制

现行企业所得税法规定，企业开发新技术、新产品、新工艺发生的研发费用，可以在计算应纳税所得额时加计扣除。2015年，财政部、税务总局、科技部联合制发《关于完善研究开发费用税前加计扣除政策的通知》（财税〔2015〕119号），对研发费用加计扣除政策进行了完善，扩大了适用税前加计扣除的研发费用和研发活动范围，简化了审核管理；同时，政策规定企业委托境外机构或个人研发的费用，不得税前加计扣除。

随着我国经济的持续快速发展，一些企业生产布局和销售市场逐步走向全球，其研发活动也随之遍布全球，委托境外机构进行研发创新活动也成为企业研发创新的重要形式，不少企业要求将委托境外研发费用纳入加计扣除范围。为了进一步加大对企业研发活动的支持，2018年4月25日国务院常务会议决定，取消企业委托境外研发费用不得加计扣除的限制，允许符合条件的委托境外研发费用加计扣除，财政部、税务总局、科技部据此制发了财税〔2018〕64号文件，明确了相关政策口径。

2. 企业委托境外研发费用加计扣除金额的计算方法

财税〔2018〕64号文件明确，企业委托境外进行研发活动所发生的费用，按照费用实际发生额的80%计入委托方的委托境外研发费用。委托境外研发费用不超过境内符合条件的研发费用三分之二的部分，可以按规定在企业所得税前加计扣除。上述费用实际发生额应按照独立交易原则确定。委托方与受托方存在关联关系的，受托方应向委托方提供研发项目费用支出明细情况。

3. 委托境外研发费用按照费用实际发生额的 80% 计入，以及设置不超过境内符合条件的研发费用三分之二的限制

财税〔2018〕64 号文件明确，委托境外进行研发活动所发生的费用，按照费用实际发生额的 80% 计入委托方的委托境外研发费用。这一规定与委托境内研发费用加计扣除的规定是一致的，并非委托境外研发费用加计扣除政策的特殊规定。

研发费用加计扣除政策的目的是引导和激励企业开展研发活动，提高创新能力，推动我国经济走上创新驱动发展的道路。对企业可以享受加计扣除的委托境外研发费用进行适当的比例限制，体现了鼓励境内研发为主、委托境外研发为辅的政策导向。

4. 委托境外进行研发活动由委托方到科技部门进行登记，而委托境内研发则要求受托方登记，两者不保持统一

由于受托方一般是享受增值税等其他税种税收优惠政策的主体，科技部门为便于管理、统计，避免双重登记，因此明确发生委托境内研发活动的，由受托方到科技部门进行登记。

而委托境外进行研发活动的受托方在国外，不受我国相关法律管辖，要求受托方登记不具有操作性，因此财税〔2018〕64 号文件对此进行了调整，将登记方由受托方调整至委托方，以保证委托方能顺利享受政策。

5. 享受研发费用加计扣除政策不需要到税务机关

按照国务院"放管服"政策的要求，国家税务总局公告 2018 年第 23 号发布了修订后的《企业所得税优惠政策事项办理办法》，明确企业享受税收优惠时，采取"自行判别、申报享受、相关资料留存备查"的办理方式，在年度纳税申报及享受优惠事项前无须再履行备案手续，也无须再报送备案资料，原备案资料全部作为留存备查资料保留在企业。财税〔2018〕64 号文件明确委托境外研发费用适用加计扣除政策的，按照国家税务总局公告 2018 年第 23 号规定办理即可，但同时考虑到委托境外研发活动的特殊性，在该公告规定基础上，增加了委托境外研发的银行支付凭证和受托方开具的收款凭据、当年委托研发项目的进展情况两项留存备查资料。

6. 将企业研发费用税前加计扣除比例统一提高到75%

为激励中小企业加大研发投入，支持科技创新，2017年4月19日国务院常务会议决定，自2017年1月1日至2019年12月31日，将科技型中小企业研发费用税前加计扣除比例由50%提高至75%。为进一步激励企业加大研发投入，支持科技创新，2018年7月23日国务院常务会议决定，将企业研发费用加计扣除比例提高到75%的政策由科技型中小企业扩大至所有企业，财政部、税务总局据此制发了财税〔2018〕99号文件，明确了相关政策口径，即：企业开展研发活动中实际发生的研发费用，未形成无形资产计入当期损益的，在按规定据实扣除的基础上，在2018年1月1日至2020年12月31日期间，再按照实际发生额的75%在税前加计扣除；形成无形资产的，在上述期间按照无形资产成本的175%在税前摊销。

7. 提高研发费用税前加计扣除比例后，享受优惠的研发费用口径和管理要求

财税〔2018〕99号文件主要是提高了研发费用的加计扣除比例，关于享受优惠的研发费用口径和管理要求，仍按照财税〔2015〕119号、财税〔2018〕64号和《国家税务总局 关于企业研究开发费用税前加计扣除政策有关问题的公告》（国家税务总局公告2015年第97号）等文件规定执行。

五、延长高新技术企业和科技型中小企业亏损结转弥补年限

（一）政策依据

（1）《财政部 税务总局 关于延长高新技术企业和科技型中小企业亏损结转年限的通知》（财税〔2018〕76号，以下简称《通知》）

（2）《国家税务总局 关于延长高新技术企业和科技型中小企业亏损结转弥补年限有关企业所得税处理问题的公告》（国家税务总局公告2018年第45号，以下简称《公告》）

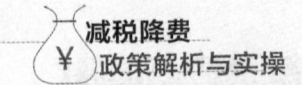

（二）主要内容

自 2018 年 1 月 1 日起，当年具备高新技术企业或科技型中小企业资格的企业，其具备资格年度之前 5 个年度发生的尚未弥补完的亏损，准予结转以后年度弥补，最长结转年限由 5 年延长至 10 年。

（三）政策解析

1.《公告》出台背景

为贯彻落实创新驱动发展战略，财政部、税务总局出台了一系列支持科技创新、助力创新创业的企业所得税政策，如扩大小型微利企业减半征收范围、完善固定资产加速折旧政策、扩大企业研发费用加计扣除范围等。这些减税举措，降低了企业创业创新成本，调动了企业加大科技投入的积极性，激发了市场活力和社会创造力，对提升我国创新能力和创新效率起到了积极作用。为更好地支持高新技术企业和科技型中小企业发展，2018 年 4 月 25 日国务院常务会议决定将这两类企业亏损结转弥补年限由 5 年延长至 10 年。为此，财政部、税务总局 2018 年 7 月 11 日印发《通知》，明确了延长这两类企业亏损结转弥补年限政策。为了确保上述优惠政策有效落实，税务总局发布《公告》，就相关政策具体执行口径、征管操作事项进行明确，以利于税务机关准确把握执行和纳税人正确理解享受。

2.《公告》主要内容

（1）明确具备资格年度之前 5 年亏损结转弥补年限。具备高新技术企业或科技型中小企业资格（以下统称"资格"）的企业相关资格在不同的纳税年度会发生变化，《公告》第一条第一款明确：《通知》所称当年具备资格的企业，其具备资格年度之前 5 个年度发生的尚未弥补完的亏损，是指当年具备资格的企业，其前 5 个年度无论是否具备资格，所发生的尚未弥补完的亏损。

为准确理解《通知》规定的"具备资格年度之前 5 个年度发生的尚未弥补完的亏损"，《公告》第一条第二款对《通知》适用情形作了进一步解释。即 2018 年具备资格的企业，无论 2013 年至 2017 年是否具备资格，其 2013 年至 2017 年发生的尚未弥补完的亏损，均准予结转以后年度弥补，最长结转年限为10年。2018年以后年度具备资格的企业，依此类推，进行亏损结转弥补税务处理。

例2-9 一家企业，2018年具备资格，2013年亏损300万元，2014年亏损200万元，2015年亏损100万元，2016年所得为0，2017年所得200万元，2018年所得50万元。按照《通知》和《公告》规定：无论该企业在2013年至2017年期间是否具备资格，2013年亏损300万元，用2017年所得200万元、2018年所得50万元弥补后，如果2019年至2023年有所得仍可继续弥补；2014年企业亏损200万元，依次用2019年至2024年所得弥补；2015年企业亏损100万元，依次用2019年至2025年所得弥补。

例2-10 接【例2-9】，该企业2019年起不具备资格，2019年亏损100万元。其之前2013年至2015年尚未弥补完的亏损的最长结转年限为10年并不受影响。如果该企业在2024年之前任一年度重新具备资格，按照《通知》和《公告》规定，2019年亏损100万元准予向以后10年结转弥补，即准予依次用2020年至2029年所得弥补。如果到2024年还不具备资格，按照《通知》和《公告》规定，2019年亏损100万元只准予向以后5年结转弥补，即依次用2020年至2024年所得弥补，尚未弥补完的亏损，不允许用2025年至2029年所得弥补。

（2）明确具备资格年度确定方法。目前，高新技术企业和科技型中小企业资格采取不同的管理方法。高新技术企业经过认定后，取得的高新技术企业证书有效期3年；而科技型中小企业每年评价后，赋予其科技型中小企业入库登记编号。为此，《公告》分别明确了两者具备资格年度的确定方法。

①高新技术企业资格年度确定方法。高新技术企业证书注明了发证时间和有效期，为保证企业最大限度享受政策红利，《公告》明确，高新技术企业按照其取得的高新技术企业证书注明的有效期所属年度，确定其具备资格年度。

例2-11 某高新技术企业，证书注明发证时间为2018年9月17日，有效期3年。根据《公告》规定，2018年、2019年、2020年、2021年为具备资格年度。

②科技型中小企业资格年度确定方法。科技型中小企业仅有入库登记编号注明的年度，且需在每年3月底前进行评价。为此，《公告》明确，科技型中小企业按照其取得的科技型中小企业入库登记编号注明的年度，确定其具备资格年度。

例2-12 某科技型中小企业，2018年5月取得入库登记编号，编号注明的年度为2018年。根据《公告》规定，2018年为具备资格年度。

(3) 明确企业重组亏损结转弥补年限。

①适用特殊性税务处理的企业合并亏损结转弥补年限。《财政部 国家税务总局 关于企业重组业务企业所得税处理若干问题的通知》（财税〔2009〕59号）规定，被合并企业合并前的相关所得税事项由合并企业承继。为此，《公告》第三条第（一）项、第（三）项规定，合并企业承继被合并企业尚未弥补完的亏损的结转年限，按照被合并企业的亏损结转年限确定；合并企业具备资格的，其承继被合并企业尚未弥补完的亏损的结转年限，按照《通知》第一条和《公告》第一条规定处理。

例2-13 2018年A企业吸收合并B企业，适用特殊性税务处理规定。其中，A企业不具备资格，其尚未弥补完的2016年亏损，准予向以后5年结转弥补。B企业具备资格，其尚未弥补完的2016年亏损，准予向以后10年结转弥补。吸收合并后A企业尚未弥补完的2016年亏损，包括合并前A企业尚未弥补完的亏损和B企业尚未弥补完的亏损，按照《通知》和《公告》规定应当分别处理。即合并后A企业尚未弥补完的2016年亏损，其中合并前A企业尚未弥补完的亏损，只准予用2018年至2021年的所得弥补；合并前B企业尚未弥补完的亏损，按照财税〔2009〕59号文件第六条第（四）项有关规定计算后，准予用2018年至2026年的所得弥补。如合并后A企业2018年具备资格，合并后A企业尚未弥补完的2016年亏损，包括合并前A企业尚未弥补完的亏损和B企业尚未弥补完的亏损，均准予用2018年至2026年的所得弥补。

②适用特殊性税务处理的企业分立亏损结转弥补年限。财税〔2009〕59号文件规定，被分立企业未超过法定弥补期限的亏损额，由分立企业继续弥

补。为此,《公告》第三条第(二)项、第(三)项规定,分立企业承继被分立企业尚未弥补完的亏损的结转年限,按照被分立企业的亏损结转年限确定;分立企业具备资格的,其承继被分立企业尚未弥补完的亏损的结转年限,按照《通知》第一条和《公告》第一条规定处理。

例 2-14 2018 年 A 企业分立新设 B 企业和 C 企业,适用特殊性税务处理规定。其中,A 企业具备资格,其尚未弥补完的 2016 年亏损,准予向以后 10 年结转弥补。分立新设的 B 企业和 C 企业分别承继 A 企业尚未弥补完的 2016 年亏损。按照《通知》和《公告》规定,分立后 B 企业和 C 企业分别承继 A 企业尚未弥补完的 2016 年亏损,按照财税〔2009〕59 号文件第六条第(五)项有关规定计算后,无论分立后 B 企业和 C 企业是否具备资格,均准予用 2018 年至 2026 年的所得弥补。

(4) 明确延长亏损结转年限政策征管事项。为了落实深化"放管服"改革要求,《公告》第四条明确延长亏损结转弥补年限政策,由企业自行计算申报享受,无须向税务机关申请审批或办理备案手续。即符合《通知》和本公告规定延长亏损结转弥补年限条件的企业,在企业所得税预缴和汇算清缴时,自行计算亏损结转弥补年限,并填写相关纳税申报表。

(5) 明确公告执行时间。《通知》自 2018 年 1 月 1 日起执行,《公告》是对其相关事项的具体细化,也应同时执行。

六、创业投资企业所得税优惠政策推广到全国实施

(一) 政策依据

(1)《财政部 税务总局 关于创业投资企业和天使投资个人有关税收政策的通知》(财税〔2018〕55 号,以下简称《通知》)

(2)《国家税务总局 关于创业投资企业和天使投资个人税收政策有关问题的公告》(国家税务总局公告 2018 年第 43 号,以下简称《公告》)

(二) 主要内容

(1) 公司制创业投资企业采取股权投资方式直接投资于种子期、初创期

科技型企业满 2 年（24 个月，下同）的，可以按照投资额的 70% 在股权持有满 2 年的当年抵扣该公司制创业投资企业的应纳税所得额；当年不足抵扣的，可以在以后纳税年度结转抵扣。

（2）有限合伙制创业投资企业采取股权投资方式直接投资于初创科技型企业满 2 年的，该合伙创投企业的合伙人分别按以下方式处理：

①法人合伙人可以按照对初创科技型企业投资额的 70% 抵扣法人合伙人从合伙创投企业分得的所得；当年不足抵扣的，可以在以后纳税年度结转抵扣。

②个人合伙人可以按照对初创科技型企业投资额的 70% 抵扣个人合伙人从合伙创投企业分得的经营所得；当年不足抵扣的，可以在以后纳税年度结转抵扣。

（3）天使投资个人采取股权投资方式直接投资于初创科技型企业满 2 年的，可以按照投资额的 70% 抵扣转让该初创科技型企业股权取得的应纳税所得额；当期不足抵扣的，可以在以后取得转让该初创科技型企业股权的应纳税所得额时结转抵扣。

（4）天使投资个人投资多个初创科技型企业的，对其中办理注销清算的初创科技型企业，天使投资个人对其投资额的 70% 尚未抵扣完的，可自注销清算之日起 36 个月内抵扣天使投资个人转让其他初创科技型企业股权取得的应纳税所得额。

（三）政策解析

1. 《公告》出台背景

为进一步落实创新驱动发展战略，促进创业投资持续健康发展，2017 年，国务院常务会议决定在京津冀、上海、广东、安徽、四川、武汉、西安、沈阳 8 个全面创新改革试验地区和苏州工业园区开展创业投资企业和天使投资个人税收政策试点。为贯彻落实国务院常务会议精神，财政部、税务总局下发了《关于创业投资企业和天使投资个人有关税收试点政策的通知》（财税〔2017〕38 号）和《关于创业投资企业和天使投资个人税收试点政策有关问题的公告》

（国家税务总局公告2017年第20号，以下简称《试点政策公告》），保证税收优惠政策精准落地。

为更好地鼓励和扶持种子期、初创期科技型企业发展，推动大众创业、万众创新战略实施，2018年4月25日国务院常务会议决定将创业投资企业和天使投资个人税收试点政策推广到全国实施。财政部和税务总局根据国务院决定，联合下发了《通知》，就全国范围内实施的创业投资企业和天使投资个人税收政策进行明确。此次税务总局发布《公告》，就政策执行口径、办理程序和资料及其他管理要求进行明确，提高政策可操作性，便于纳税人准确享受税收优惠。

2.《公告》主要内容

（1）执行口径。为提高政策的可操作性和确定性，《公告》在《通知》的基础上进一步明确了部分执行口径。由于试点政策在试点期间执行情况良好，为保持政策的稳定性，《公告》所明确的政策执行口径与试点政策公告保持一致。具体执行口径如下：

一是明确满2年的口径及投资时间计算口径。《公告》明确，《通知》第一条称"满2年"是公司制创投企业、合伙创投企业、天使投资个人投资于初创科技型企业的实缴投资满2年，投资时间从初创科技型企业接受投资并完成工商变更登记的日期算起。需要注意的是，对于合伙创投企业投资初创科技型企业的，仅强调合伙创投企业投资于初创科技型企业的实缴投资满2年，取消了对合伙人对该合伙创投企业的实缴出资须满2年的要求，简化了政策条件，有利于企业准确执行政策。

例2-15 某合伙创投企业于2018年12月投资初创科技型企业，假设其他条件均符合文件规定，合伙创投企业的某个法人合伙人于2019年1月对该合伙创投企业出资，2020年12月，合伙创投企业投资初创科技型企业满2年时，该法人合伙人同样可享受税收试点政策。

二是明确研发费用总额占成本费用支出的比例，指企业接受投资当年及下一个纳税年度的研发费用总额合计占同期成本费用总额合计的比例。此口径参考了高新技术企业研发费用占比的计算方法，一定程度上降低了享受优惠的门槛，使更多的企业可以享受到政策红利。

例2-16 某公司制创投企业于2018年5月投资初创科技型企业，假设其他条件均符合文件规定，初创科技型企业2018年发生研发费用100万元，成本费用1000万元，2018年研发费用占比10%，低于20%；2019年发生研发费用500万元，成本费用1000万元，2019年研发费用占比50%，高于20%。如要求投资当年及下一年分别满足研发费用占比高于20%的条件，则该公司制创投企业不能享受税收优惠政策。但按照《公告》明确的口径，投资当年及下一年初创科技型企业研发费用平均占比为30%（（100+500）/（1000+1000）），该公司制创投企业可以享受税收优惠政策。

三是明确合伙创投企业合伙人出资比例的计算口径。由于合伙创投企业投资初创型科技企业的，在投资满2年的当年就可享受税收优惠政策，因此将计算出资比例的时点确定为投资满2年当年年末，对同一年满2年的投资统一计算，简化计算方法，减轻企业办税负担。

四是明确了从业人数、资产总额的计算方法。其计算方法参照了小型微利企业的计算方法，确保纳税人能准确理解政策、适用政策。

五是明确法人合伙人可合并计算抵扣。即法人合伙人投资于多家合伙创投企业，可以合并计算可抵扣的投资额和分得的所得。考虑到法人合伙人可能会投资多家符合条件的合伙创投企业，而合伙创投企业的分配可能会有所差别，有些因创业投资活动本身具有一定的风险，可能永远没有回报。因此允许合并计算抵扣，并将所有符合现行政策规定的合伙创投企业均纳入合并范围，将使法人合伙人能充分、及时抵扣，确保税收优惠政策效应得到充分发挥。

合并计算抵扣的范围既包括符合《通知》规定条件的合伙创投企业，也包括符合《国家税务总局 关于有限合伙制创业投资企业法人合伙人企业所得税有关问题的公告》（国家税务总局公告2015年第81号）规定条件的合伙创投企业。

（2）办理程序及资料。《国家税务总局 关于发布修订后的〈企业所得税优惠政策事项办理办法〉的公告》（国家税务总局公告2018年第23号）明确企业享受优惠事项采取"自行判别、申报享受、相关资料留存备查"的办理方式，不再要求企业办理备案手续。《公告》据此对公司制创投企业和合伙创投企业法人合伙人享受优惠的办理手续进行了调整，明确按照国家税务总局公告2018年第23号的规定办理相关手续。此外，为进一步简政放权，减轻纳税人负担，《公告》不再要求合伙创投企业向税务机关报送《合伙创投企业法人合伙人所得分配情况明细表》，改由合伙创投企业直接提供给法人合伙人留存备查。

（3）其他管理要求。一是明确转请机制。《公告》明确了税务机关在创业投资企业和合伙创投企业合伙人享受优惠政策后续管理中，对初创科技型企业是否符合规定条件有异议的，可以转请相应主管税务机关提供相关资料，主管税务机关应积极配合。

二是明确骗取抵扣的罚则。创业投资企业、合伙创投企业合伙人、天使投资个人、初创科技型企业提供虚假情况、故意隐瞒已投资抵扣情况或采取其他手段骗取投资抵扣，不缴或者少缴应纳税款的，按税收征管法有关规定处理。

上述两项要求与《试点政策公告》的规定保持一致。

（4）施行时间。施行时间与《通知》保持一致，天使投资个人所得税有关规定自2018年7月1日起施行，其他所得税规定自2018年1月1日起施行。原试点政策的执行时间为企业所得税政策自2017年1月1日起施行，个人所得税政策自2017年7月1日起施行。考虑到合伙制创投企业个人合伙人政策施行时间可与法人合伙人保持一致，因此《通知》对个人合伙人的施行时间进行了调整，明确天使投资个人所得税政策自2018年7月1日起施行，其他各项政策自2018年1月1日起施行。《公告》的施行时间据此进行了相应的调整。

（5）过渡条款。《公告》在全国范围内实施，已经涵盖了试点政策公告所实施的区域。为避免政策碎片化，便于纳税人准确查找、理解政策，需及时废止试点政策公告。考虑到天使投资个人所得税政策自2018年7月1日起实施，因此《试点政策公告》应自2018年7月1日起废止，保证政策无缝衔接。同时，按照政策规定，满 2 年当年不足抵扣的投资额，可向以后年度结转抵扣。为避免试点政策公告废止后引发执行歧义，统一政策执行口径，《公告》明确符合试点政策条件的投资额可按规定继续办理抵扣。

例 2-17 某公司制创投企业于 2015 年 12 月以 100 万元投资了初创科技型企业，该笔投资符合试点政策的条件。2017 年度汇算清缴时，应纳税所得额（抵扣前）为 50 万元，可抵扣的投资额为 70 万元（100×70%），当年实际抵扣应纳税所得额 50 万元，剩余 20 万元可结转 2018 年及以后年度抵扣。

七、全民所有制企业公司制改制企业所得税政策

（一）政策依据

《国家税务总局 关于全民所有制企业公司制改制企业所得税处理问题的公告》（国家税务总局公告 2017 年第 34 号，以下简称《公告》）

（二）主要内容

（1）全民所有制企业改制为国有独资公司或者国有全资子公司，属于财税〔2009〕59 号文件第四条规定的"企业发生其他法律形式简单改变"的，可依照以下规定进行企业所得税处理：改制中资产评估增值不计入应纳税所得额；资产的计税基础按其原有计税基础确定；资产增值部分的折旧或者摊销不得在税前扣除。

（2）《公告》适用于 2017 年度及以后年度企业所得税汇算清缴。此前发生的全民所有制企业公司制改制，尚未进行企业所得税处理的，可依照《公告》执行。

（三）政策解析

1.《公告》出台背景

《中共中央 国务院 关于深化国有企业改革的指导意见》提出，到 2020 年，在国有企业改革重要领域和关键环节取得决定性成果。2017 年中央经济工作会议和 2017 年《政府工作报告》要求，到 2017 年底基本完成国有企业公

司制改制工作。为加快推动中央企业完成公司制改制，国务院办公厅 2017 年 7 月 18 日印发了《中央企业公司制改制工作实施方案》（国办发〔2017〕69 号），要求 2017 年底前，中央企业全部改制为有限责任公司或者股份有限公司，加快形成有效制衡的公司法人治理结构和灵活高效的市场化经营机制。为了贯彻落实上述文件精神，进一步发挥税收对国企改革的推动作用，有必要对全民所有制企业公司制改制企业所得税问题进行明确。《公告》明确此类改制中评估增值的资产递延纳税待遇，可以有效解决企业改制纳税难题，有利于国企改革顺利推进。

2. 《公告》主要内容

对全民所有制企业公司制改制的，《公告》明确了以下企业所得税处理事项：

（1）明确改制中资产评估增值不计入应纳税所得额。由于改制前后，资产权属未发生变化，也没有发生实际交易，资产评估增值不计入当期所得，可以有效减轻改制企业的负担。同时规定，改制后评估增值的资产，其计税基础应与原有计税基础保持一致。资产增值部分享受了递延纳税待遇，其资产增值部分对应的折旧或者摊销也不得在税前扣除。

（2）明确《公告》适用的改制情形。《公告》仅指由一个全民所有制企业整体改制为一个公司的形式。全民所有制企业改制为国有独资公司或者国有全资子公司，改制前后股东没有变化，财产权属没有变化，都是 100% 国家所有，满足法律形式的简单改变，适用《公告》。改制为国有控股公司等其他情形的，则不适用《公告》。

（3）明确后续管理事项。依据《公告》进行企业所得税处理，会产生一定的税会差异。为了保证税务机关有效实施后续管理，按照"放管服"要求，《公告》规定改制后的公司应将评估增值相关资料留存备查，以减少企业涉税资料报送，减轻企业负担。

（4）明确《公告》时间效力。《公告》适用于 2017 年度及以后年度企业所得税汇算清缴。此前发生的全民所有制企业公司制改制，尚未进行企业所得税处理的，可依照《公告》处理。

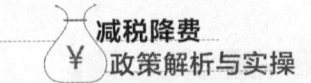

八、责任保险费企业所得税税前扣除有关政策

（一）政策依据

《国家税务总局 关于责任保险费企业所得税税前扣除有关问题的公告》（国家税务总局公告2018年第52号，以下简称《公告》）

（二）主要内容

企业参加雇主责任险、公众责任险等责任保险，按照规定缴纳的保险费，准予在企业所得税税前扣除。

《公告》适用于2018年度及以后年度企业所得税汇算清缴。

（三）政策解析

1.《公告》出台背景

随着我国经济的发展，责任保险在企业经营活动中的使用频率越来越高，对企业分散经营责任风险、切实保护当事人权益、促进社会和谐稳定具有重要的作用。有关部门、企业不断反映雇主责任险、公众责任险等责任保险费企业所得税税前扣除问题。为统一责任保险费税前扣除政策口径，便于纳税人执行，更好地促进企业化解经营责任风险，增强抗风险能力，发布该《公告》。

2.《公告》主要内容

雇主责任险、公众责任险等责任保险是参加责任保险的企业出现保单中所列明的事故，需对第三者如损害赔偿责任时，由承保人代其履行赔偿责任的一种保险。由于企业参加雇主责任险、公众责任险等责任保险缴纳的保险费支出是企业实际发生的，保险法也规定了财产保险业务包括责任保险，为此，根据《中华人民共和国企业所得税法》及其实施条例有关规定，《公告》明确，企业参加雇主责任险、公众责任险等责任保险，按照规定缴纳的保险费，准予在企业所得税前扣除。

3.《公告》执行日期

根据企业所得税按年计算的原则,《公告》适用于 2018 年度及以后年度企业所得税汇算清缴。

九、所有行业职工教育经费税前扣除标准提高

(一)政策依据

《财政部 国家税务总局 关于企业职工教育经费税前扣除政策的通知》(财税〔2018〕51 号)

(二)主要内容

为鼓励企业加大职工教育投入,现就企业职工教育经费税前扣除政策通知如下:

(1) 企业发生的职工教育经费支出,不超过工资薪金总额 8% 的部分,准予在计算企业所得税应纳税所得额时扣除;超过部分,准予在以后纳税年度结转扣除。

(2) 本通知自 2018 年 1 月 1 日起执行。

十、服务贸易类技术先进型服务企业所得税政策推广至全国

(一)政策依据

《财政部 税务总局 商务部 科技部 国家发展改革委 关于将服务贸易创新发展试点地区技术先进型服务企业所得税政策推广至全国实施的通知》(财税〔2018〕44 号)

(二)主要内容

(1) 自 2018 年 1 月 1 日起,对经认定的技术先进型服务企业(服务贸易类),减按 15% 的税率征收企业所得税。

(2) 技术先进型服务企业(服务贸易类)须符合的条件及认定管理事项,

按照《财政部 税务总局 商务部 科技部 国家发展改革委 关于将技术先进型服务企业所得税政策推广至全国实施的通知》（财税〔2017〕79号）的相关规定执行。其中，企业须满足的技术先进型服务业务领域范围按照本通知所附《技术先进型服务业务领域范围（服务贸易类）》执行。

十一、集成电路企业税收优惠又有新成员

（一）政策依据

《财政部 税务总局 国家发展改革委 工业和信息化部 关于集成电路生产企业有关企业所得税政策问题的通知》（财税〔2018〕27号）

（二）主要内容

（1）2018年1月1日后投资新设的集成电路线宽小于130纳米，且经营期在10年以上的集成电路生产企业或项目，享受"两免三减半"税收优惠。

（2）2018年1月1日后投资新设的集成电路线宽小于65纳米或投资额超过150亿元，且经营期在15年以上的集成电路生产企业或项目，享受"五免五减半"税收优惠。

（3）2017年12月31日前设立但未获利的集成电路线宽小于0.25微米或投资额超过80亿元，且经营期在15年以上的集成电路生产企业，自获利年度起享受"五免五减半"税收优惠。

（4）2017年12月31日前设立但未获利的集成电路线宽小于0.8微米（含）的集成电路生产企业，自获利年度起享受"两免三减半"税收优惠。

十二、进一步促进安全生产

（一）政策依据

《财政部 税务总局 应急管理部 关于印发〈安全生产专用设备企业所得税

优惠目录（2018年版）〉的通知》（财税〔2018〕84号）

（二）主要内容

2018年起，对企业购置并实际使用安全生产专用设备享受企业所得税抵免优惠政策的适用目录进行适当调整，统一按《安全生产专用设备企业所得税优惠目录（2018年版）》执行。

十三、进一步支持社会保险保障事业

（一）政策依据

（1）《财政部 税务总局 关于保险保障基金有关税收政策问题的通知》（财税〔2018〕41号）

（2）《财政部 税务总局 关于全国社会保障基金有关投资业务税收政策的通知》（财税〔2018〕94号）

（3）《财政部 税务总局 关于基本养老保险基金有关投资业务税收政策的通知》（财税〔2018〕95号）

（二）主要内容

（1）对中国保险保障基金有限责任公司（以下简称保险保障基金公司）根据《保险保障基金管理办法》取得的下列收入，免征企业所得税：

①境内保险公司依法缴纳的保险保障基金；

②依法从撤销或破产保险公司清算财产中获得的受偿收入和向有关责任方追偿所得，以及依法从保险公司风险处置中获得的财产转让所得；

③接受捐赠收入；

④银行存款利息收入；

⑤购买政府债券、中央银行、中央企业和中央级金融机构发行债券的利息收入；

⑥国务院批准的其他资金运用取得的收入。

财税〔2018〕41号自2018年1月1日起至2020年12月31日止执行。

《财政部 国家税务总局 关于保险保障基金有关税收政策问题的通知》(财税〔2016〕10号)同时废止。

(2) 对社保基金取得的直接股权投资收益、股权投资基金收益,作为企业所得税不征税收入。

财税〔2018〕94号自发布之日起执行。通知发布前发生的社保基金有关投资业务,符合本通知规定且未缴纳相关税款的,按本通知执行;已缴纳的相关税款,不再退还。

(3) 对社保基金会及养老基金投资管理机构在国务院批准的投资范围内,运用养老基金投资取得的归属于养老基金的投资收入,作为企业所得税不征税收入。

财税〔2018〕95号自发布之日起执行。

十四、公益性捐赠支出可以税前结转扣除

(一) 政策依据

(1)《财政部 税务总局 关于公益性捐赠支出企业所得税税前结转扣除有关政策的通知》(财税〔2018〕15号)

(2)《财政部 税务总局 民政部 关于公益性捐赠税前扣除资格有关问题的补充通知》(财税〔2018〕110号)

(二) 主要内容

(1) 企业通过公益性社会组织或者县级(含县级)以上人民政府及其组成部门和直属机构,用于慈善活动、公益事业的捐赠支出,在年度利润总额12%以内的部分,准予在计算应纳税所得额时扣除;超过年度利润总额12%的部分,准予结转以后三年内在计算应纳税所得额时扣除。

(2) 企业当年发生及以前年度结转的公益性捐赠支出,准予在当年税前扣除的部分,不能超过企业当年年度利润总额的12%。

(3) 企业发生的公益性捐赠支出未在当年税前扣除的部分,准予向以后

年度结转扣除，但结转年限自捐赠发生年度的次年起计算最长不得超过三年。

（4）企业在对公益性捐赠支出计算扣除时，应先扣除以前年度结转的捐赠支出，再扣除当年发生的捐赠支出。

（5）财税〔2018〕15号自2017年1月1日起执行。

第二节　非居民企业所得税税收优惠

一、完善企业境外所得税收抵免政策

（一）政策依据

《财政部 税务总局 关于完善企业境外所得税收抵免政策问题的通知》（财税〔2017〕84号，以下简称《通知》）

（二）主要内容

（1）企业可以选择按国（地区）别分别计算（即"分国（地区）不分项"），或者不按国（地区）别汇总计算（即"不分国（地区）不分项"）其来源于境外的应纳税所得额，并按照财税〔2009〕125号文件第八条规定的税率，分别计算其可抵免境外所得税税额和抵免限额。上述方式一经选择，5年内不得改变。

企业选择采用不同于以前年度的方式（以下简称新方式）计算可抵免境外所得税税额和抵免限额时，对该企业以前年度按照财税〔2009〕125号文件规定没有抵免完的余额，可在税法规定结转的剩余年限内，按新方式计算的抵免限额中继续结转抵免。

（2）企业在境外取得的股息所得，在按规定计算该企业境外股息所得的可抵免所得税额和抵免限额时，由该企业直接或者间接持有20%以上股份的外国企业，限于按照财税〔2009〕125号文件第六条规定的持股方式确定的五层外国企业，即：

第一层：企业直接持有20%以上股份的外国企业；

第二层至第五层：单一上一层外国企业直接持有20%以上股份，且由该企业直接持有或通过一个或多个符合财税〔2009〕125号文件第六条规定持股方式的外国企业间接持有总和达到20%以上股份的外国企业。

（3）企业境外所得税收抵免的其他事项，按照财税〔2009〕125号文件的有关规定执行。

（三）政策解析

1.《通知》出台背景

为贯彻落实党中央、国务院决策部署，按照《国务院 关于促进外资增长若干措施的通知》（国发〔2017〕39号）"对我国居民企业（包括跨国公司地区总部）分回国内符合条件的境外所得，研究出台相关税收支持政策"的要求，财政部、税务总局联合制发《通知》，明确在现行分国（地区）别不分项抵免方法（以下简称分国抵免法）的基础上，增加不分国（地区）别不分项的综合抵免方法（以下简称综合抵免法），并适当扩大抵免层级，进一步促进利用外资与对外投资相结合。

2. 现行境外所得税收抵免政策存在的问题

根据2008年起施行的企业所得税法及其实施条例和《财政部 国家税务总局 关于企业境外所得税收抵免有关问题的通知》（财税〔2009〕125号），现行政策允许企业境外所得缴纳的所得税在一定限额内抵减其应纳税额，具体采取分国抵免法，并对我国企业在境外缴纳的所得税的抵免层级规定不能超过三层。

现行境外所得税收抵免政策对于鼓励我国企业"走出去"起到了积极作用。但随着国家"一带一路"的实施以及我国企业境外投资日益增加，现行分国抵免法已经难以完全适应新的发展形势需要：一是对于同时在多个国家（地区）投资的企业可能存在抵免不足问题。分国抵免法下，不同国家（地区）的抵免限额不能相互调剂使用，纳税人在低税国的抵免余额无法调剂给高税国使用，其高税国超过抵免限额的部分无法得到抵免，而来自低税国的所得还需要在中国补缴税款，因此部分企业存在抵免不够充分的问题，影响企业现金流。二是抵免层级较少，与当前"走出去"企业实际情况存在一定差距，也使得一部分税款无法抵免。我国企业在获取境外资源、市场、技术等关键要素的投资中，有时需要在境外投资架构中设立多个直接和间接控股的中间层平台公司，以实现对境外实体经营企业的控制，部分境内母公司的投资链条控制层级会超过三层，现行抵免层级不超过三层的限制，难以契合企业境外投资组织架构相对复杂的现实需求，导致一些企业的境外投资最终运营实体缴纳的所得税难以获得抵免。

3. 企业可选择境外所得税收抵免方法，实行综合抵免法降低税负

《通知》赋予纳税人选择权，对境外投资所得可自行选择综合抵免法或分国抵免法，但一经选择，5年内不得改变。实行综合抵免法，对同时在多个国家投资的企业可以统一计算抵免限额，有利于平衡境外不同国家（地区）间的税负，增加企业可抵免税额，有效降低企业境外所得总体税收负担。同时，综合抵免依然遵守限额抵免原则，不会侵蚀所得税税基。2011年，财税部门根据企业所得税法授权已发文明确对石油行业企业实行综合抵免法，在实际执行中对我国石油行业企业"走出去"起到了积极推动作用，石油行业企业的实践也为扩大综合抵免范围起到了试点和基础性作用。同时在税收征管操作方面，根据石油行业企业的实践，相对于分国抵免法而言，企业实行综合抵免法汇总计算境外所得抵免限额的复杂性和工作量大大降低，企业税法遵从度也得到提高。

此外，《通知》规定，企业选择采用不同于以前年度的抵免方法计算可抵免境外所得税税额和抵免限额时，对该企业以前年度尚未抵免完的余额，可在税法规定结转的剩余年限内，按新选择的抵免方法计算的抵免限额中继续结转抵免。即企业此前在分国抵免法下还有尚未抵免完的余额，可在税法规定5年结转期的剩余年限内，按照综合抵免法计算的抵免限额继续结转抵免。

4. 扩大境外所得税收抵免层级

近年来,随着我国企业越来越多地"走出去"参与国际竞争,很多企业在境外投资中需要专门架设中间层企业,现行抵免不超过三层的限制难以完全适应企业"走出去"的实际情况。为更好地鼓励中国企业"走出去"获取境外资源、市场、技术等关键要素,《通知》将抵免层级由三层扩大至五层。

一般来讲,抵免层级越多,消除重复征税就越彻底,但抵免层级增多后,纳税人计算更为复杂、税务机关也会面临较大的征管压力。现行政策规定我国境外所得抵免层级不超过三层,是适应当时纳税人遵从度和税收管理水平的。随着近年来企业核算水平的提高和税务信息化建设的推进,纳税人遵从度和税收管理水平也有一定程度提高,实施统一的五层抵免可以使抵免更加充分,在税收征管操作方面也具备相应的基础。

5. 《通知》自 2017 年 1 月 1 日起执行的主要考虑

2017 年 8 月,国务院印发《关于促进外资增长若干措施的通知》(国发〔2017〕39 号),明确提出制定三项税收支持政策的要求,此项政策是其中一项。另外两项政策,一是技术先进型服务企业所得税优惠政策推广至全国实施,财政部会同税务总局、商务部、科技部、发展改革委已联合印发文件,自 2017 年 1 月 1 日起执行;二是境外投资者以分配利润直接投资暂不征收预提所得税政策,财政部会同税务总局、发展改革委、商务部也已联合印发文件,执行时间是 2017 年 1 月 1 日。考虑国发〔2017〕39 号文件规定的三项税收政策执行时间的一致性,《通知》规定,此项政策也自 2017 年 1 月 1 日起执行。此外,由于企业所得税实行年度汇算清缴制度,2017 年度的企业所得税汇算清缴在 2018 年 5 月底前进行,《通知》规定自 2017 年 1 月 1 日起执行,在操作上也是可以做到的。

6. 在完善境外所得抵免政策的税收征管方面的措施

近年来,在完善境外所得抵免政策的税收征管方面,税务总局主要采取了以下措施:一是按照国务院行政审批改革的要求,印发《关于企业境外所得适用简易征收和饶让抵免的核准事项取消后有关后续管理问题的公告》(国家税务总局公告 2015 年第 70 号),将境外所得适用简易征收和饶让抵免由税务行政审批调整为事后备案管理,简政放权、放管结合,切实减轻纳税人负担,还权还责于纳税人。二是贯彻落实十九大精神,以"一带一路"建设为重点,鼓励企业"走出去",印发《关于企业境外承包工程税收抵免凭证有关问题的公告》(国家税务总局公告 2017 年第 41 号),针对"走出去"企业在境外采取总分包或联合体形式承包工程,由于取得境外所得主体与境外纳税主体不一致而导致其在境外缴纳的企业所得税无法抵免的问题,按照"实质重于形式"的原则,明确对外承包工程来源于境外所得税收抵免凭证有关问题,妥善解决了因主体不一致所引发的无法抵免的问题,消除了"走出去"企业的后顾之忧,为"走出去"企业营造了更加良好的政策环境。

二、境外投资者以分配利润直接投资暂不征收预提所得税

(一)政策依据

《财政部 税务总局 发改委 商务部 关于境外投资者以分配利润直接投资暂不征收预提所得税政策问题的通知》(财税〔2017〕88 号)

(二)主要内容

对境外投资者从中国境内居民企业分配的利润,直接投资于鼓励类投资项目,凡符合规定条件的,实行递延纳税政策,暂不征收预提所得税。

(三)政策解析

1.《通知》出台背景

现行企业所得税法对非居民企业取得来源于中国境内的股息、红利等权益性投资收益,实行源泉扣缴,减按 10% 的税率或按税收协定优惠税率征收预提所得税。源泉扣缴原则符合"税收与经济活动相匹配"的基本原则,是维护国家税收利益的重要手段,也是世界上大多数国家采取的征税原则。

随着开放型经济发展,外商投资企业不断融入我国经济,在经济增长、产业升级、技术进步中发挥了越来越重要的作用,以分配利润进行的再投资活动也越来越多。与此同时,全球税收政策呈现新变化新特点,不少国家出台了鼓

励投资的税收优惠政策。在此背景下，根据党中央、国务院部署，《国务院 关于促进外资增长若干措施的通知》（国发〔2017〕39号）提出，对境外投资者从中国境内居民企业分配的利润，直接投资于鼓励类投资项目，凡符合规定条件的，实行递延纳税政策，暂不征收预提所得税。从而为外商投资企业长期发展创造更好环境，鼓励境外投资者持续在华投资经营，扩大互利共赢合作。

为贯彻落实党中央、国务院决策部署，积极应对新挑战，提高存量外资的利用率，提高我国吸引外资的竞争力，进一步鼓励境外投资者持续扩大在华投资，四部门联合起草了《通知》，对境外投资者暂不征收预提所得税的条件、享受优惠的程序和责任、后续管理、部门协调机制、不再符合政策条件的税务处理、特殊事项和执行时间作了具体规定。

2.《通知》主要内容

（1）境外投资者享受暂不征收预提所得税需要同时满足的条件。对境外投资者暂不征收预提所得税必须同时满足四个方面的条件：一是直接投资的形式，包括境外投资者以分得利润进行的增资、新建、股权收购等权益性投资行为。二是境外投资者分得利润的性质应为股息、红利等权益性投资收益，来源于居民企业已经实现的留存收益，包括以前年度留存尚未分配的收益。三是用于投资的资金（资产）必须直接划转到被投资企业或股权转让方账户，不得中间周转。四是鼓励类项目的范围属于《外商投资产业指导目录》中所列的鼓励外商投资产业目录，或《中西部地区外商投资优势产业目录》。

（2）符合暂不征收预提所得税政策的直接投资行为形式。为最大限度地发挥鼓励境外投资者扩大在华投资的作用，《通知》将大部分境外投资者在华投资的现有方式纳入暂不征税的适用范围。《通知》规定，对境外投资者以分得利润进行的直接投资，包括境外投资者以分得利润进行的增资、新建、股权收购等权益性投资行为，但不包括新增、转增、收购上市公司股份（符合条件的战略投资除外）。具体是指：一是新增或转增中国境内居民企业实收资本或者资本公积；二是在中国境内投资新建居民企业；三是从非关联方收购中国境内居民企业股权；四是财政部、税务总局规定的其他方式。

需要注意的是，考虑到可操作性和防止不当适用的需要，《通知》将两种直接投资情形排除在暂不征税政策适用范围之外：一是除符合条件的战略投资以外的新增、转增、收购上市公司股份。符合条件的战略投资是指符合《外国投资者对上市公司战略投资管理办法》（商务部2005年第28号令）规定的投资。二是从关联方收购股权。

另外，考虑对外开放的深入和扩大，外商直接投资形式会更趋多样，为扩大政策适用范围留有余地，《通知》将"财政部、税务总局规定的其他方式"作为该项政策适用范围的兜底条款，今后视政策执行情况和投资方式变化而规定。

(3) 境外投资者直接投资的鼓励类项目的内容，以及基层税务部门与纳税人如果对被投资企业是否从事鼓励类项目发生争议的处理。目前，国家明确外商投资鼓励类项目的规定包括两个目录，均经过国务院批准，由国家发展改革委和商务部联合发布。一是《外商投资产业指导目录》中所列的鼓励外商投资产业目录；二是《中西部地区外商投资优势产业目录》。据此，为对境外投资者直接投资于鼓励类项目进行判定，《通知》规定：境外投资者直接投资鼓励类投资项目，是指被投资企业在投资期限内从事符合两个目录规定范围的经营活动，如生产产品或提供服务、投资建设工程或购置机器设备，以及开展研发活动等。

上述两个目录目前均为2017年修订版，相关部门今后如修订目录，可按新修订的目录执行。境外投资者在享受暂不征收预提所得税优惠时，被投资企业所从事的鼓励类项目是符合当时目录范围的，今后目录修订时该项鼓励类项目即使有所调整，不影响境外投资者继续享受该项优惠政策。

为做好鼓励类外商投资项目认定，《通知》中明确建立部门协调机制，即地市（含）以上税务部门在后续管理中，对被投资企业所从事经营活动是否属于两个目录规定范围存在疑问的，可提请同级发展改革部门、商务部门出具意见，有关部门应予积极配合。

(4) 境外投资者所分配的利润在转给被投资企业之前在境内外的其他账户周转，不能享受暂不征收预提所得税政策。为确保境外投资者所分得的利润实际用于直接投资，《通知》规定，境外投资者以分配利润进行直接投资，必须将资金（资产）直接转入被投资企业或相关股东账户，不得中间周转。如果境外投资者分得利润在转给被投资企业之前在境内外的其他账户周转，则不能享受暂不征收预提所得税政策。

（5）符合条件的境外投资者享受暂不征收预提所得税优惠的途径。按照现行税法规定，预提所得税的纳税人是境外投资者，扣缴义务人为利润分配企业。因此，境外投资者申报享受暂不征收预提所得税优惠，需要依靠扣缴义务人进行操作，即对符合条件的境外投资者不予代扣预提所得税。按照"合法""合理"和"方便操作"的原则，《通知》第三条明确境外投资者和利润分配企业的法律责任，即享受暂不征收预提所得税政策的境外投资者负有申报责任，应向利润分配企业如实提供相关资料；要求利润分配企业适当审核境外投资者提交的资料，经适当审核符合条件的，方可暂不按照企业所得税法第三十七条规定扣缴预提所得税，并向其主管税务机关报告执行情况。据此，《通知》第四条规定：税务部门在后续管理中经核实境外投资者不符合政策规定条件的，除属于利润分配企业责任外，视为境外投资者未按照规定申报缴纳企业所得税，依法追究延迟纳税责任，税款延迟缴纳期限自相关利润支付之日起计算。

（6）境外投资者享受暂不征收预提所得税政策后，如果实际收回投资，暂不征收的税款处理办法。符合条件的境外投资者按规定享受暂不征收预提所得税待遇，但之后如实际收回投资，则应补缴此前暂未征收的预提所得税税款。《通知》规定：境外投资者通过股权转让、回购、清算等处置方式实际收回享受暂不征收预提所得税待遇的股息、红利等权益性投资收益的，应在实际收取相应款项后7日内，向税务部门申报补缴税款。

对境外投资者通过内部重组方式处置股权的情形，《通知》明确，境外投资者享受暂不征收预提所得税待遇后发生的股权重组符合特殊性重组条件，并实际按照特殊性重组进行税务处理的，可继续享受暂不征税的优惠待遇。

（7）境外投资者在2017年1月1日至《通知》印发之前已做出的直接投资符合《通知》规定条件的，可以追补享受暂不征税政策的规定。为最大限度体现政策效果，释放吸引外资的积极信号，《通知》明确，暂不征税政策自

2017年1月1日起执行，即境外投资者在2017年1月1日（含当日）以后，以分得的股息、红利等权益性投资收益直接投资可以适用《通知》规定。尽管境外投资者在2017年1月1日（含当日）至《通知》印发之前已做出的符合《通知》规定的直接投资，可以暂不征收预提所得税，但因预提所得税实行按次征收、代扣代缴的制度，上述符合条件的直接投资已扣缴了预提所得税。对于这部分可以享受暂不征税但未实际享受优惠待遇的境外投资者，《通知》明确，可在实际缴纳相关税款之日起三年内申请追补享受暂不征税政策，退还已缴纳的税款。该项追补享受暂不征税政策的规定也可以适用于《通知》印发之后发生的情形。

三、扩大境外投资者以分配利润直接投资暂不征收预提所得税政策适用范围

（一）政策依据

（1）《财政部 国家税务总局 国家发展和改革委员会 商务部 关于扩大境外投资者以分配利润直接投资暂不征收预提所得税政策适用范围的通知（财税〔2018〕102号，以下简称《通知》）

（2）《国家税务总局 关于扩大境外投资者以分配利润直接投资暂不征收预提所得税政策适用范围有关问题的公告》（国家税务总局公告2018年第53号，以下简称《公告》）

（二）主要内容

根据国务院决定，财政部、国家税务总局、国家发展和改革委员会、商务部联合发布了《关于扩大境外投资者以分配利润直接投资暂不征收预提所得税政策适用范围的通知》（财税〔2018〕102号），对境外投资者从中国境内居民企业分配的利润，用于境内直接投资暂不征收预提所得税政策的适用范围，由外商投资鼓励类项目扩大至所有非禁止外商投资的项目和领域。

（三）政策解析

（1）境外投资者以分得的利润用于补缴以前已经承诺的注册资本出资份

额的,享受暂不征税优惠待遇的规定。境外投资者以分得的利润用于补缴其作为境内居民企业股东认缴的出资额的,属于《通知》第二条第(一)项第1目规定的"新增或转增中国境内居民企业实收资本或者资本公积"的情形,凡符合《通知》规定的其他条件的,可以按规定享受暂不征收预提所得税的政策。

(2)境外投资者通过人民币再投资专用存款账户划转用于投资的利润款项的,享受暂不征税优惠待遇的规定。《外商直接投资人民币结算业务管理办法》(银发〔2011〕23号)第十四条规定,境外投资者可以通过人民币再投资专用账户划转其在境内的人民币利润所得,用于境内直接投资。如果境外投资者按照该项规定划转再投资款项,凡在相关人民币利润款项从利润分配企业账户转入境外投资者人民币再投资专用存款账户当日内,再由境外投资者人民币再投资专用存款账户转入被投资企业或股权转让方账户的,视为符合《通知》第二条第(三)项规定"境外投资者用于直接投资的利润以现金形式支付的,相关款项从利润分配企业的账户直接转入被投资企业或股权转让方账户,在直接投资前不得在境内外其他账户周转"的条件。

(3)在2017年1月1日至2018年1月1日间发生的利润再投资行为符合享受暂不征税条件,但没有实际享受优惠待遇的,追补享受优惠政策的规定。按照《通知》第九条规定,《通知》自2018年1月1日起执行,《财政部 税务总局 国家发展改革委 商务部 关于境外投资者以分配利润直接投资暂不征收预提所得税政策问题的通知》(财税〔2017〕88号)同时废止。按照《公告》第十三条规定,《公告》自2018年1月1日起执行,《国家税务总局 关于境外投资者以分配利润直接投资暂不征收预提所得税政策有关执行问题的公告》(国家税务总局公告2018年第3号)同时废止。《通知》和《公告》适用于境外投资者在2018年1月1日(含当日)以后取得股息、红利等权益性投资收益。在2017年1月1日(含当日)至2018年1月1日(不含当日)间发生的利润再投资行为适用暂不征税政策问题,仍应按照财税〔2017〕88号、国家税务总局公告2018年第3号等可适用规定处理。凡按可适用规定可以享受暂不征税优惠待遇的,仍可以按照财税〔2017〕88号第五条规定申请退还已经

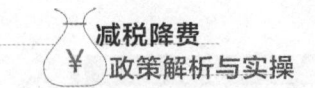

缴纳的税款，追补享受优惠待遇。

四、哈萨克斯坦超额利润税税收抵免境外所得税税额

（一）政策依据

《国家税务总局 关于哈萨克斯坦超额利润税税收抵免有关问题的公告》（国家税务总局公告 2019 年第 1 号，以下简称《公告》）

（二）主要内容

企业在哈萨克斯坦缴纳的超额利润税，属于企业在境外缴纳的企业所得税性质的税款，依据企业所得税法及其实施条例、财税〔2009〕125 号文件、国家税务总局公告 2010 年第 1 号和财税〔2017〕84 号文件等有关规定，应纳入可抵免境外所得税税额范围，计算境外税收抵免。

（三）政策解析

1.《公告》出台背景

据部分"走出去"企业反映，哈萨克斯坦针对签订地下使用合同的企业的所得，除征收企业所得税外，还征收超额利润税。由于超额利润税未直接命名为所得税，是否可以作为企业所得税性质税款抵免，目前没有明确的政策规定。

《财政部 国家税务总局 关于企业境外所得税收抵免有关问题的通知》（财税〔2009〕125 号）第四条规定：可抵免境外所得税税额，是指企业来源于中国境外的所得依照中国境外税收法律以及相关规定应当缴纳并已实际缴纳的企业所得税性质的税款。据哈萨克斯坦财政部提供的官方材料，哈萨克斯坦超额利润税是针对签订地下使用合同的企业的所得征收的税种。《国家税务总局 关于发布〈企业境外所得税收抵免操作指南〉的公告》（国家税务总局公告 2010 年第 1 号）第 15 项规定："判定是否属于企业所得税性质的税额，主要看其是否是针对企业净所得征收的税额"。

为贯彻落实十九大精神，鼓励企业"走出去"，减轻企业税负，提高企业国际竞争力,进一步完善税收政策,根据《中华人民共和国企业所得税法》及其实施条例、《财政部 国家税务总局 关于企业境外所得税收抵免有关问题的通知》(财税〔2009〕125号)、《国家税务总局 关于发布〈企业境外所得税收抵免操作指南〉的公告》(国家税务总局公告2010年第1号)和《财政部 税务总局 关于完善企业境外所得税收抵免政策问题的通知》(财税〔2017〕84号)的有关规定,制发《公告》。

2.《公告》主要内容

《公告》明确企业在哈萨克斯坦缴纳的超额利润税,属于企业在境外缴纳的企业所得税性质的税款,应按规定纳入可抵免境外所得税税额范围,计算境外税收抵免。在执行时间上,《公告》适用于2018年度及以后年度企业所得税汇算清缴。

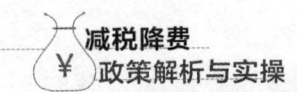

第三节 实操问答

一、小型微利企业普惠性所得税减免

问 2-1 我单位原来就是小型微利企业,此次新政策对我们有影响吗?

答:是有影响的,并且是利好消息。

假设贵单位 2019 年符合新的小型微利企业条件,应纳税所得额和 2018 年一样,按照新规定,贵单位的实际税负将从原来 10% 降到 5%,税负比原来降低一半。

如果贵单位的效益越来越好,年应纳税所得额超过 100 万元了,按照原来的规定是不能再享受优惠政策的,但现在只要不超过 300 万元,仍然可以享受优惠政策。

问 2-2 假设我单位 2019 年度的应纳税所得额是 280 万元,在享受政策优惠后,当年需缴纳的企业所得税是 28 万元吗?

答:您多算了需要缴纳的税款。按照政策规定,年应纳税所得额超过 100 万元的,需要分段计算。具体是:

100 万元以下的部分,需要缴纳 5 万元(100×5%);100 万元至 280 万元的部分,需要缴纳 18 万元 [(280-100)×10%]。加在一起当年需要缴纳的企业所得税 23 万元,而不是用 280 万元直接乘以 10% 来计算。

问 2-3 一家年应纳税所得额 320 万元的企业,其应纳税所得额 300 万元以内的部分，可以减免税款吗？

答：不能。

按现行政策规定，小型微利企业是指从事国家非限制和禁止行业，且同时符合年度应纳税所得额不超过300万元、从业人数不超过300人、资产总额不超过5000万元等三个条件的企业。

该企业应纳税所得额已经超过了300万元，是不符合小型微利企业条件的，因此不能享受小型微利企业所得税优惠政策。

问2-4 工业企业和其他企业的小型微利企业标准一样吗？

答：是一样的。

原有政策对工业企业和其他企业的从业人数、资产总额两项指标分别设置了条件，新出台的政策对资产总额和从业人数指标不再区分工业企业和其他企业。

因此，目前工业企业和其他企业的小型微利企业标准是一样的，即年应纳税所得额上限都是300万元，资产总额上限都是5000万元，从业人数上限都是300人。

问2-5 享受政策优惠的程序复杂吗？需要到税务机关办理相关手续吗？

答：按照税务系统深化"放管服"改革有关要求，对企业所得税优惠事项的备案管理已全面取消，小型微利企业在预缴和汇算清缴企业所得税时，通过填写纳税申报表相关内容，即可享受小型微利企业所得税减免政策。

同时，申报表中设计了"从业人数""资产总额""限制或禁止行业"等相关指标，进行电子申报的企业，征管系统将根据申报表相关数据，自动判断企业是否符合小型微利企业条件。符合条件的，系统还将进一步自动计算减免税金额，自动生成表单，为企业减轻计算、填报负担。

问2-6 劳务派遣公司劳务派出的人员，要计入劳务派遣公司的从业人数吗？

答：按照政策规定，从业人数包括与企业建立劳动关系的职工人数和企业接受的劳务派遣用工人数，即劳务派遣用工人数计入了用人单位的从业人数。

本着合理性原则，劳务派遣公司可不再将劳务派出人员重复计入本公司的从业人数。

问 2-7 公司是核定征收的，受这次政策影响吗？

答：从 2014 年开始，符合规定条件的企业享受小型微利企业所得税优惠政策时，已经不再受企业所得税征收方式的限定了。

无论企业所得税实行查账征收方式还是核定征收方式的企业，只要符合条件，均可以享受小型微利企业所得税优惠政策。

而且随着此次政策的调整，享受优惠的力度会进一步加大。

问 2-8 "小型微利企业"和"小微企业"这两者之间有什么不同吗？

答："小微企业"是一个习惯性的叫法，并没有一个严格意义上的界定，目前所说的"小微企业"是和"大中企业"相对来讲的。

如果要找一个比较接近的解释，那就是工信部、国家统计局、发展改革委和财政部于 2011 年 6 月发布的《中小企业划型标准》，根据企业从业人员、营业收入、资产总额等指标，将 16 个行业的中小企业划分为中型、小型、微型三种类型，小微企业可以理解为其中的小型企业和微型企业。

而"小型微利企业"的出处是企业所得税法及其实施条例，指的是符合税法规定条件的特定企业，其特点不只体现在"小型"上，还要求"微利"，主要用于企业所得税优惠政策方面。

有数据显示，2019 年小型微利企业标准提高以后，符合小型微利企业条件的企业占所有企业所得税纳税人的比重约为 95%。也就是说，95% 的企业都是企业所得税上的"小型微利企业"。

提醒大家一下，在进行企业所得税纳税申报时，一定要谨记税法上的"小型微利"四个字，并按照企业所得税相关规定去判断是否符合条件。

问 2-9 2018 年度企业所得税汇算清缴已经开始申报了，汇算清缴时可以享受财税〔2019〕13号规定的优惠政策吗?

答:政策执行期限为2019年1月1日至2021年12月31日,即财税〔2019〕13号规定的小型微利企业所得税优惠政策适用于2019年至2021年纳税年度,企业在2018年度汇算清缴时仍适用原有的税收优惠政策。

自2019年度预缴申报起才可以享受财税〔2019〕13号规定的小型微利企业所得税优惠政策。

问2-10 企业一季度预缴所得税时,应纳税所得额为320万元,不符合小微企业条件,缴纳了企业所得税80万元,但二季度累计利润200万元,资产、人员都符合小微条件,那一季度预缴的80万元企业所得税,可以在二季度办理退税吗?

答:根据国家税务总局2019年第2号公告规定,原不符合小型微利企业条件的企业,在年度中间预缴企业所得税时,按公告第三条规定判断符合小型微利企业条件的,应按照截至本期申报所属期末累计情况计算享受小型微利企业所得税减免政策。

当年度此前期间因不符合小型微利企业条件而多预缴的企业所得税税款,可在以后季度应预缴的企业所得税税款中抵减。因此,第1季度多预缴的税款应在以后季度应预缴的企业所得税税款中抵减,不足抵减的在汇算清缴时按有关规定办理退税,或者抵缴其下一年度应缴企业所得税税款。

问2-11 企业预缴时享受了小型微利企业所得税优惠,汇算清缴时发现不符合小型微利企业条件的怎么办?

答:企业在预缴时符合小型微利企业条件,税务总局公告2019年第2号已经做出了明确规定,只要企业符合这些规定,预缴时均可以预先享受优惠政策。

但是,由于小型微利企业判断条件,如资产总额、从业人员、应纳税所得额等是年度性指标,需要按照企业全年情况进行判断,也只有到汇算清缴时才能最终判断。

因此，企业在汇算清缴时需要准确计算相关指标并进行判断，符合条件的企业可以继续享受税收优惠政策，不符合条件的企业，停止享受优惠，正常进行汇算清缴即可。

问 2-12 企业所得税是按月预缴或者按季预缴的，对小型微利有什么特别规定吗？

答：为了推进办税便利化改革，从 2016 年 4 月开始，小型微利企业统一实行按季度预缴企业所得税。

因此，按月度预缴企业所得税的企业，在年度中间 4 月、7 月、10 月的纳税申报期进行预缴申报时，如果按照规定判断为小型微利企业的，自下一个申报期起，其纳税期限将统一调整为按季度预缴。同时，为了避免年度内频繁调整纳税期限，一经调整为按季度预缴，当年度内不再变更。

问 2-13 预缴企业所得税时，如何享受小型微利企业所得税优惠政策？

答：从 2019 年度开始，在预缴企业所得税时，企业可直接按当年度截至本期末的资产总额、从业人数、应纳税所得额等情况判断是否为小型微利企业，与此前需要结合企业上一个纳税年度是否为小型微利企业的情况进行判断相比，方法更简单、确定性更强。具体而言，资产总额、从业人数指标按照财税 13 号文件第二条中"全年季度平均值"的计算公式，计算截至本期申报所属期末的季度平均值；应纳税所得额指标暂按截至本期申报所属期末不超过 300 万元的标准判断。

问 2-14 修订后的预缴纳税申报表增加了"按季度填报信息"部分，而我们是按月度预缴的企业，是否需要每月填报这部分内容？

答：不需要每月填报。

预缴纳税申报表中"按季度填报信息"部分的所有项目均按季度填报。按月申报的纳税人，在预缴申报当季最后一个月份企业所得税时进行填报。

如在 4 月份征期申报 3 月的税款时，才需要填报这部分信息，而在其他月份申报时，是不需要填报的。

问 2-15 新修订的预缴申报表要求填写"资产总额""从业人数"的季初值、季末值,而并非是季度平均值,主要出于什么考虑呢?

答:主要是考虑尽量减轻企业自行计算的负担。一般来说,"资产总额""从业人数"的季初值、季末值是企业在会计核算、人员管理等日常生产经营活动中既有的数据,直接填列可以免去企业为享受税收优惠而特别计算的工作量,也避免出现计算错误。

问 2-16 公司从业人数波动较大,各个时间点从业人数可能都不一致,如何确定从业人数是不是符合条件?

答:按照财税〔2019〕13 号文件规定,从业人数应按企业全年的季度平均值确定。具体计算公式如下:

季度平均值=(季初值+季末值)÷2

全年季度平均值=全年各季度平均值之和÷4

年度中间开业或者终止经营活动的,以其实际经营期作为一个纳税年度确定上述相关指标。

企业可根据上述公式,计算得出全年季度平均值,并以此判断从业人数是否符合条件。

问 2-17 网上申报系统什么时间会完成升级呢?

答:为全面落实普惠性税收减免政策,确保小型微利企业及时享受税收优惠,目前金税三期核心征管系统、电子税务局和各省网上申报系统均已经在 2 月 1 日前完成了相关升级。

问 2-18 我们企业一直是按月申报的,如果符合小型微利企业条件后改为按季度申报,那么下一个纳税年度的纳税期限该如何确定呢?

答:根据企业所得税法实施条例的有关规定,企业所得税分月或者分季预缴,由税务机关具体核定。

按月申报的纳税人在 4 月、7 月、10 月申报时,符合小型微利企业条件的,征管系统将提示按季预征。

申报期结束后，主管税务机关将根据申报情况筛查需要调整纳税期限的纳税人，并联系纳税人办理调整事项；纳税人也可主动联系主管税务机关进行调整。

年度结束后，原则上在小型微利企业扩大优惠力度期限内，不再调整纳税期限。

问2-19 对于企业所得税汇总纳税企业，小型微利企业标准中的从业人数、资产总额是否包括分支机构的部分？

答：现行企业所得税实行法人税制，企业应以法人为纳税主体，计算从业人数、资产总额等指标，即汇总纳税企业的从业人数、资产总额应包括分支机构的数据。

问2-20 与此前相比，这次出台的小型微利企业所得税优惠政策有何变化？

答：第一，放宽小型微利企业标准，扩大小型微利企业的覆盖面。政策调整前，小型微利企业年应纳税所得额、从业人数和资产总额标准上限分别为100万元、工业企业100人（其他企业80人）和工业企业3000万元（其他企业1000万元）。此次调整明确将上述三个标准上限分别提高到300万元、300人和5000万元。第二，引入超额累进计算方法，加大企业所得税减税优惠力度。政策调整前，对年应纳税所得额不超过100万元的小型微利企业，减按50%计入应纳税所得额，并按20%优惠税率缴纳企业所得税，即实际税负为10%。此次调整引入超额累进计税办法，对年应纳税所得额不超过300万元的小型微利企业，按应纳税所得额分为两段计算：一是对年应纳税所得额不超过100万元的部分，减按25%计入应纳税所得额，并按20%的税率计算缴纳企业所得税，实际税负为5%；二是对年应纳税所得额超过100万元但不超过300万元的部分，减按50%计入应纳税所得额，并按20%的税率计算缴纳企业所得税，实际税负10%。

举例说明，一个年应纳税所得额为300万元的企业，此前不在小型微利企业范围之内,需要按25%的法定税率缴纳企业所得税75万元(300×25%＝75万元),按照新出台的优惠政策,如果其从业人数和资产总额符合条件,其仅需缴纳企业所得税25万元(＝100×25%×20%＋200×50%×20%),所得税负担大幅减轻。

二、创业投资企业优惠

问 2-21 一家创业投资企业于 2017 年 3 月投资了一家从业人数为 260 人,资产总额为 4000 万元,年销售收入 1000 万元的初创科技型企业,2019 年度该公司能享受创业投资企业税收优惠政策吗?

答:财税〔2019〕13 号文件明确 2019 年 1 月 1 日前 2 年内发生的投资,自 2019 年 1 月 1 日起投资满 2 年且符合财税 13 号文件规定和财税〔2018〕55 号文件规定的其他条件的,可以适用财税〔2018〕55 号文件规定的税收政策。

这里提到的投资时间是 2017 年 3 月,属于 2019 年 1 月 1 日前 2 年内发生的投资,如符合财税〔2019〕13 号和财税〔2018〕55 号文件规定的其他条件,可以自 2019 年度开始享受创业投资企业税收优惠政策。

问 2-22 财税〔2019〕13 号文件的执行期限为 2019 年 1 月 1 日至 2021 年 12 月 31 日,但创业投资企业税收优惠政策所明确的投资时间和享受优惠时间不一致,执行期限是指投资时间还是指享受优惠时间?

答:为避免产生执行期限是指投资时间还是指享受优惠时间的歧义,让更多的投资可以享受到优惠政策,财税〔2019〕13 号文件特意写入了衔接性条款。

简言之,无论是投资时间,还是享受优惠时间,只要有一个时间在政策执行期限内的,均可以享受该项税收优惠政策。

问 2-23 初创科技型企业和小型微利企业的从业人数和资产总额标准是一样,这两个指标的计算方法是一样的吗?

答:不一样。

初创科技型企业从业人数和资产总额指标,按照企业接受投资前连续12个月的平均数计算;不足12个月的,按实际月数平均计算。

小型微利企业从业人数和资产总额按照企业全年的季度平均值确定。

问2-24 初创科技型企业相关的优惠政策是什么?此次政策有什么调整?

答:创投企业和天使投资个人投向初创科技型企业可按投资额的70%抵扣应纳税所得额。政策调整前,初创科技型企业的主要条件包括从业人数不超过200人、资产总额和年销售收入均不超过3000万元等。此次发布的财税〔2019〕13号文件将享受创业投资税收优惠的被投资对象范围,进一步扩展到从业人数不超过300人、资产总额和年销售收入均不超过5000万元的初创科技型企业,与调整后的企业所得税小型微利企业相关标准保持一致,从而进一步扩大了创投企业和天使投资人享受投资抵扣优惠的投资对象范围。

第三章 个人所得税

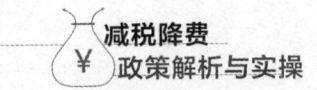

第一节 个人所得税减税降费政策

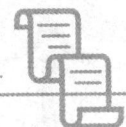

一、综合所得按年计税

（一）政策依据

(1)《中华人民共和国个人所得税法》

(2)《中华人民共和国个人所得税法实施条例》

(3)《国家税务总局 关于个人所得税自行纳税申报有关问题的公告》（国家税务总局公告 2018 年第 62 号）

（二）主要内容

将工资薪金、劳务报酬、稿酬和特许权使用费四项所得纳入综合征税范围，实行按月或按次分项预缴、按年汇总计算、多退少补的征管模式。

（三）政策解析

(1) 居民个人取得工资薪金、劳务报酬、稿酬和特许权使用费四项所得（以下称综合所得），按纳税年度合并计算个人所得税。

(2) 居民个人取得综合所得，按年计算个人所得税；有扣缴义务人的，由扣缴义务人按月或者按次预扣预缴税款；需要办理汇算清缴的，应当在取得所得的次年三月一日至六月三十日内办理汇算清缴。

(3) 居民个人办理年度综合所得汇算清缴时，应当依法计算劳务报酬所得、稿酬所得、特许权使用费所得的收入额，并入年度综合所得计算应纳税款，税款多退少补。

（4）综合所得，适用百分之三至百分之四十五的超额累进税率。

二、提高基本减除费用标准

（一）政策依据

（1）《中华人民共和国个人所得税法》

（2）《中华人民共和国个人所得税法实施条例》

（3）《国家税务总局 关于发布〈个人所得税扣缴申报管理办法（试行）〉的公告》（国家税务总局公告 2018 年第 61 号）

（二）主要内容

合理提高基本减除费用标准，将基本减除费用标准提高到每人每月 5000 元，每人每一纳税年度的收入额减除费用六万元。

（三）政策解析

（1）居民个人的综合所得，以每一纳税年度的收入额减除费用六万元以及专项扣除、专项附加扣除和依法确定的其他扣除后的余额，为应纳税所得额。

（2）累计减除费用，按照 5000 元/月乘以纳税人当年截至本月在本单位的任职受雇月份数计算。

三、首次设立专项附加扣除

（一）政策依据

（1）《中华人民共和国个人所得税法》

（2）《中华人民共和国个人所得税法实施条例》

（3）《国务院 关于印发个人所得税专项附加扣除暂行办法的通知》（国发

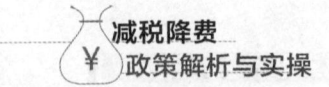

〔2018〕41号）

（4）《国家税务总局 关于发布〈个人所得税专项附加扣除操作办法（试行）〉的公告》（国家税务总局公告 2018 年第 60 号）

（5）《国家税务总局 关于发布〈个人所得税扣缴申报管理办法（试行）〉的公告》（国家税务总局公告 2018 年第 61 号）

（二）主要内容

首次设立子女教育、继续教育、大病医疗、住房贷款利息或者住房租金、赡养老人等 6 项专项附加扣除。

专项附加扣除的具体范围、标准和实施步骤由国务院确定，并报全国人民代表大会常务委员会备案。

（三）政策解析

（1）居民个人的综合所得，以每一纳税年度的收入额减除费用六万元以及专项扣除、专项附加扣除和依法确定的其他扣除后的余额，为应纳税所得额。

（2）居民个人向扣缴义务人提供专项附加扣除信息的，扣缴义务人按月预扣预缴税款时应当按照规定予以扣除，不得拒绝。

（3）取得经营所得的个人，没有综合所得的，计算其每一纳税年度的应纳税所得额时，应当减除费用 6 万元、专项扣除、专项附加扣除以及依法确定的其他扣除。专项附加扣除在办理汇算清缴时减除。

（4）居民个人取得工资、薪金所得时，可以向扣缴义务人提供专项附加扣除有关信息，由扣缴义务人扣缴税款时减除专项附加扣除。

（5）居民个人取得劳务报酬所得、稿酬所得、特许权使用费所得，应当在汇算清缴时向税务机关提供有关信息，减除专项附加扣除。

（6）个人所得税专项附加扣除，是指个人所得税法规定的子女教育、继续教育、大病医疗、住房贷款利息或者住房租金、赡养老人等 6 项专项附加扣除。

（7）纳税人的子女接受全日制学历教育的相关支出，按照每个子女每月

1000元的标准定额扣除。

（8）纳税人在中国境内接受学历（学位）继续教育的支出，在学历（学位）教育期间按照每月400元定额扣除。同一学历（学位）继续教育的扣除期限不能超过48个月。纳税人接受技能人员职业资格继续教育、专业技术人员职业资格继续教育的支出，在取得相关证书的当年，按照3600元定额扣除。

（9）在一个纳税年度内，纳税人发生的与基本医保相关的医药费用支出，扣除医保报销后个人负担（指医保目录范围内的自付部分）累计超过15000元的部分，由纳税人在办理年度汇算清缴时，在80000元限额内据实扣除。

（10）纳税人本人或者配偶单独或者共同使用商业银行或者住房公积金个人住房贷款为本人或者其配偶购买中国境内住房，发生的首套住房贷款利息支出，在实际发生贷款利息的年度，按照每月1000元的标准定额扣除，扣除期限最长不超过240个月。纳税人只能享受一次首套住房贷款的利息扣除。

（11）纳税人在主要工作城市没有自有住房而发生的住房租金支出，可以按照以下标准定额扣除：①直辖市、省会（首府）城市、计划单列市以及国务院确定的其他城市，扣除标准为每月1500元；②除第一项所列城市以外，市辖区户籍人口超过100万的城市，扣除标准为每月1100元；③市辖区户籍人口不超过100万的城市，扣除标准为每月800元。纳税人的配偶在纳税人的主要工作城市有自有住房的，视同纳税人在主要工作城市有自有住房。

（12）纳税人赡养一位及以上被赡养人的赡养支出，统一按照以下标准定额扣除：①纳税人为独生子女的，按照每月2000元的标准定额扣除；②纳税人为非独生子女的，由其与兄弟姐妹分摊每月2000元的扣除额度，每人分摊的额度不能超过每月1000元。可以由赡养人均摊或者约定分摊，也可以由被赡养人指定分摊。约定或者指定分摊的须签订书面分摊协议，指定分摊优先于约定分摊。具体分摊方式和额度在一个纳税年度内不能变更。

（13）累计预扣法，是指扣缴义务人在一个纳税年度内预扣预缴税款时，以纳税人在本单位截至当前月份工资、薪金所得累计收入减除累计免税收入、累计减除费用、累计专项扣除、累计专项附加扣除和累计依法确定的其他扣除后的余额为累计预扣预缴应纳税所得额，适用个人所得税预扣率表，计算累计应预扣预缴税额,再减除累计减免税额和累计已预扣预缴税额,其余额为本期应预扣预缴税额。余额为负值时,暂不退税。纳税年度终了后余额仍为负值时,由纳税人通过办理综合所得年度汇算清缴,税款多退少补。

四、调整优化个人所得税税率结构

(一)政策依据

(1)《中华人民共和国个人所得税法》

(2)《国家税务总局 关于发布〈个人所得税扣缴申报管理办法(试行)〉的公告》(国家税务总局公告 2018 年第 61 号)

(二)主要内容

以现行工薪所得 3%~45% 七级超额累进税率为基础,扩大 3%、10%、20% 三档较低税率的级距,25% 税率级距相应缩小,30%、35%、45% 三档较高税率级距保持不变。

五、创投企业个人所得税优惠政策

(一)政策依据

(1)《财政部 国家发展和改革委员会 国家税务总局 中国证券监督管理委员会 关于创业投资企业个人合伙人所得税政策问题的通知》(财税〔2019〕8 号)

(2)《财政部 税务总局 关于创业投资企业和天使投资个人有关税收政策的通知》(财税〔2018〕55 号)

(二)主要内容

创投企业可以选择按单一投资基金核算或者按创投企业年度所得整体核算两种方式之一,对其个人合伙人来源于创投企业的所得计算个人所得税应纳税额。

（三）政策解析

（1）创投企业选择按单一投资基金核算的，其个人合伙人从该基金应分得的股权转让所得和股息红利所得，按照20%税率计算缴纳个人所得税。

（2）创投企业选择按年度所得整体核算的，其个人合伙人应从创投企业取得的所得，按照"经营所得"项目、5%～35%的超额累进税率计算缴纳个人所得税。

（3）单一投资基金核算，是指单一投资基金（包括不以基金名义设立的创投企业）在一个纳税年度内从不同创业投资项目取得的股权转让所得和股息红利所得核算纳税。

（4）创投企业年度所得整体核算，是指将创投企业以每一纳税年度的收入总额减除成本、费用以及损失后，计算应分配给个人合伙人的所得。如符合《财政部 税务总局 关于创业投资企业和天使投资个人有关税收政策的通知》（财税〔2018〕55号）规定条件的，创投企业个人合伙人可以按照被转让项目对应投资额的70%抵扣其可以从创投企业应分得的经营所得后再计算其应纳税额。年度核算亏损的，准予按有关规定向以后年度结转。按照"经营所得"项目计税的个人合伙人，没有综合所得的，可依法减除基本减除费用、专项扣除、专项附加扣除以及国务院确定的其他扣除。从多处取得经营所得的，应汇总计算个人所得税，只减除一次上述费用和扣除。

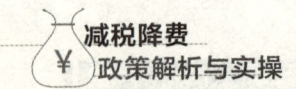

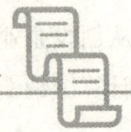

第二节 实操问答

一、子女教育

问 3-1 子女教育的扣除主体是谁？

答：子女教育的扣除主体是子女的法定监护人，包括生父母、继父母、养父母，父母之外的其他人担任未成年人的法定监护人的，比照执行。

问 3-2 监护人不是父母可以扣除吗？

答：可以，前提是确实担任未成年人的监护人。

问 3-3 子女的范围包括哪些？

答：子女包括婚生子女、非婚生子女、养子女、继子女。也包括未成年但受到本人监护的非子女。

问 3-4 子女教育的扣除标准是多少？

答：按照每个子女每年12000元（每月1000元）的标准定额扣除。

问 3-5 子女教育的扣除在父母之间如何分配？

答：父母可以选择由其中一方按扣除标准的100%扣除，即一人每月1000元扣除；也可以选择由双方分别按扣除标准的50%扣除，即一人每月500元扣除。只有这两种分配方式，纳税人可以根据情况自行选择。

问 3-6 子女教育的扣除分配选定之后可以变更吗?

答:子女教育的扣除分配,可以选择由父母一方扣除或者双方平摊扣除,选定扣除方式后在一个纳税年度内不能变更。

问 3-7 在民办学校接受教育可以享受子女教育扣除吗?

答:可以。无论子女在公办学校或民办学校接受教育,纳税人都可以享受扣除。

问 3-8 在境外学校接受教育可以享受扣除吗?

答:可以。无论子女在境内学校或境外学校接受教育,纳税人都可以享受扣除。

问 3-9 子女教育专项附加扣除的扣除方式是怎样的?

答:子女教育专项附加扣除采取定额扣除方式,符合条件的纳税人可以按照每名子女每月1000元的标准扣除。

问 3-10 纳税人享受子女教育专项附加扣除,需要保存哪些资料?

答:纳税人子女在境内接受教育的,享受子女教育专项扣除不需留存任何资料。纳税人子女在境外接受教育的,应当留存境外学校录取通知书、留学签证等相关教育的证明资料备查。

问 3-11 有多子女的父母,可以对不同的子女选择不同的扣除方式吗?

答:可以。有多子女的父母,可以对不同的子女选择不同的扣除方式,即对子女甲可以选择由一方按照每月1000元的标准扣除,对子女乙可以选择由双方分别按照每月500元的标准扣除。

问 3-12 对于存在离异重组等情况的家庭子女而言,该如何享受政策?

答:具体扣除方法由父母双方协商决定,一个孩子扣除总额不能超过1000元/月,扣除人不能超过2个。

问 3-13 我不是孩子亲生父母，但是承担了他的抚养和教育义务，这种情况下我可以享受子女教育扣除吗？

答：一般情况下，父母负有抚养和教育未成年子女的义务，可依法享受子女教育扣除；对情况特殊、未由父母抚养和教育的未成年子女，相应的义务会转移到其法定监护人身上。因此，假如您是孩子的法定监护人，对其负有抚养和教育的义务，就可以依法申报享受子女教育扣除。

问 3-14 前两年在中国读书，后两年在国外读书，现在填写信息选择中国还是境外？证书由境外发放，没有学籍号，怎样填写信息，是否可以扣除？

答：目前，子女教育允许扣除境内外教育支出，继续教育专项附加扣除仅限于境内教育，不包括境外教育。如符合子女教育扣除的相关条件，子女前两年在国内读书，父母作为纳税人请按照规定填写子女接受教育的相关信息；后两年在境外接受教育，无学籍的，可以按照接受境外教育相关规定填报信息，没有学籍号可以不填写，但纳税人应当按规定留存相关证书、子女接受境内外合作办学的招生简章、出入境记录等。

问 3-15 残障儿童接受的特殊教育，父母是否可以扣除子女教育？

答：特殊教育属于九年一贯制义务教育，同时拥有学籍，因此可以按照子女教育扣除。

问 3-16 本科毕业之后，准备考研究生的期间，父母是否可以扣除子女教育？

答：不可以。该学生已经本科毕业，未实际参与全日制学历教育，尚未取得研究生学籍，不符合《暂行办法》相关规定。研究生考试通过入学后，可以享受高等教育阶段子女教育。

问 3-17 子女6月高中毕业，9月上大学，7-8月能不能享受子女教育扣除？

答：可以扣除。对于连续性的学历（学位）教育，升学衔接期间属于子女教育期间，可以申报扣除子女教育专项附加扣除。

问 3-18 大学期间参军，学校保留学籍，是否可以按子女教育扣除？

答：服兵役是公民的义务，大学期间参军是积极响应国家的号召，休学保留学籍期间，属于高等教育阶段，可以申报扣除子女教育专项附加扣除。

问 3-19 参加"跨校联合培养"需要到国外读书几年，是否可以按照子女教育扣除？

答：一般情况下，参加跨校联合培养的学生，原学校保留学生学籍，父母可以享受子女教育附加扣除。

二、继续教育

问 3-20 继续教育专项附加扣除的扣除范围是怎么规定的？

答：纳税人在中国境内接受学历（学位）继续教育的支出，在学历（学位）教育期间按照每月400元定额扣除。同一学历继续教育的扣除期限不能超过48个月。纳税人接受技能人员职业资格继续教育、专业技术人员职业资格继续教育支出，在取得相关证书的当年，按照3600元定额扣除。

问 3-21 继续教育专项附加扣除的扣除标准是怎么规定的？

答：继续教育专项附加扣除的扣除标准是：

（1）纳税人在中国境内接受学历（学位）继续教育的支出，在学历（学位）教育期间按照每月400元定额扣除。

（2）纳税人接受技能人员职业资格继续教育、专业技术人员职业资格继续教育支出，在取得相关证书的当年，按照3600元定额扣除。

问 3-22 继续教育专项附加扣除该如何申报？

答：对技能人员职业资格和专业技术人员职业资格继续教育，采取凭证书信息定额扣除方式。纳税人在取得证书后向扣缴义务人提供姓名、纳税识别号、证书编号等信息，由扣缴义务人在预扣预缴环节扣除。也可以在年终向税务机关提供资料，通过汇算清缴享受扣除。

对学历继续教育，采取凭学籍、考籍信息定额扣除方式。纳税人向扣缴义务人提供姓名、纳税识别号、学籍、考籍等信息，由扣缴义务人在预扣预缴环节扣除，也可以在年终向税务机关提供资料，通过汇算清缴享受扣除。

问 3-23 学历（学位）继续教育支出，可在多长期限内扣除？

答：在中国境内接受学历（学位）继续教育入学的当月至学历（学位）继续教育结束的当月，但同一学历（学位）继续教育的扣除期限最长不得超过 48 个月。

问 3-24 纳税人因病、因故等原因休学且学籍继续保留的休学期间，以及施教机构按规定组织实施的寒暑假是否连续计算？

答：学历（学位）继续教育的扣除期限最长不得超过 48 个月。48 个月包括纳税人因病、因故等原因休学且学籍继续保留的休学期间，以及施教机构按规定组织实施的寒暑假期连续计算。

问 3-25 纳税人享受继续教育专项附加扣除需保存哪些资料？

答：纳税接受学历继续教育，不需保存相关资料。纳税人接受技能人员职业资格继续教育、专业技术人员职业资格继续教育的，应当留存相关证书等资料备查。

问 3-26 没有证书的兴趣培训费用可扣除吗？

答：目前，继续教育专项附加扣除的范围限定学历继续教育、技能人员职业资格继续教育和专业技术人员职业资格继续教育的支出，上述培训之外的花艺等兴趣培训不在扣除范围内。

问 3-27 纳税人终止继续教育是否需要报告？

答：纳税人终止学历继续教育的，应当将相关变化信息告知扣缴义务人或税务机关。

问 3-28 如果纳税人在接受学历继续教育的同时取得技能人员职业资格证书或者专业技术人员职业资格证书的,如何享受继续教育扣除?

答:根据《个人所得税专项附加扣除暂行办法》,纳税人接受学历继续教育,可以按照每月 400 元的标准扣除,全年共计 4800 元;在同年又取得技能人员职业资格证书或者专业技术人员职业资格证书的,且符合扣除条件的,可按照 3600 元的标准定额扣除。但是,只能同时享受一个学历(学位)继续教育和一个职业资格继续教育。因此,对同时符合此类情形的纳税人,该年度可叠加享受两个扣除,当年其继续教育共计可扣除 8400 元(4800+3600)。

问 3-29 继续教育专项附加扣除的扣除主体是谁?

答:继续教育的扣除主体以纳税人本人为主。大学本科及以下的学历继续教育可以由接受教育的本人扣除,也可以由其父母按照子女教育扣除,但对于同一教育事项,不得重复扣除。

问 3-30 如果在国外进行的学历继续教育,或者是拿到了国外颁发的技能证书,能否享受每月 400 元或每年 3600 元的扣除?

答:根据《暂行办法》规定,纳税人在中国境内接受的学历(学位)继续教育支出,以及接受技能人员职业资格继续教育、专业技术人员职业资格继续教育支出可以扣除。由于您在国外接受的学历继续教育和国外颁发的技能证书,不符合"中国境内"的规定,不能享受专项附加扣除政策。

问 3-31 我现在处于本硕博连读的博士阶段,父母已经申报享受了子女教育。我博士读书时取得律师资格证书,可以申报扣除继续教育吗?

答:如您有综合所得(比如稿酬或劳务报酬等),一个纳税年度内,在取得证书的当年,可以享受职业资格继续教育扣除(3600 元/年)。

问 3-32 我参加了学历(学位)教育,最后没有取得学历(学位)证书,是否可以享受继续教育扣除?

答：参加学历（学位）继续教育，按照实际受教育时间，享受每月400元的扣除。不考察最终是否取得证书，最多扣除48个月。

问 3-33 参加自学考试，纳税人应当如何享受扣除？

答：按照《高等教育自学考试暂行条例》的有关规定，高等教育自学考试应考者取得一门课程的单科合格证书后，省考委即应为其建立考籍管理档案。具有考籍管理档案的考生，可以按照《暂行办法》的规定，享受继续教育专项附加扣除。

问 3-34 纳税人参加夜大、函授、现代远程教育、广播电视大学等学习，是否可以按照继续教育扣除？

答：纳税人参加夜大、函授、现代远程教育、广播电视大学等教育，所读学校为其建立学籍档案的，可以享受学历（学位）继续教育扣除。

问 3-35 同时接受多个学历继续教育或者取得多个专业技术人员职业资格证书，是否均需要填写？

答：对同时接受多个学历继续教育，或者同时取得多个职业资格证书的，只需填报其中一个即可。但如果同时存在学历继续教育、职业资格继续教育两类继续教育情形，则每一类都要填写。

三、大病医疗

问 3-36 大病医疗专项附加扣除的扣除方式是怎样的？

答：在一个纳税年度内，纳税人发生的与基本医保相关的医药费用支出，扣除医保报销后个人负担（指医保目录范围内的自付部分）累计超过15000元的部分，由纳税人在办理年度汇算清缴时，在80000元限额内据实扣除。

问 3-37 大病医疗专项附加扣除何时扣除？

答：在次年3月1日至6月30日汇算清缴时扣除。

问 3-38 纳税人配偶、子女的大病医疗支出是否可以在纳税人税前扣除？

答：纳税人发生的医药费用支出可以选择由本人或其配偶一方扣除；未成年子女发生的医药费用支出可以选择由其父母一方扣除。

纳税人及其配偶、未成年子女发生的医药费用支出，可按规定分别计算扣除额。

问 3-39 纳税人父母的大病医疗支出，是否可以在纳税人税前扣除？

答：目前未将纳税人父母纳入大病医疗扣除范围。

问 3-40 享受大病医疗专项附加扣除时，纳税人需要注意什么？

答：纳税人日常看病时，应当留存医药服务收费及医保报销相关票据原件（或者复印件）等资料备查，同时，可以通过医疗保障部门的医疗保障管理信息系统查询本人上一年度医药费用情况。纳税人在年度汇算清缴时填报相关信息申请退税。

问 3-41 夫妻同时有大病医疗支出，想全部都在男方扣除，扣除限额是 16 万元吗？

答：夫妻两人同时有符合条件的大病医疗支出，可以选择都在男方扣除，扣除限额分别计算，每人最高扣除限额为 8 万元，合计最高扣除限额为 16 万元。

问 3-42 大病医疗支出中，纳税人年末住院，第二年年初出院，这种跨年度的医疗费用，如何计算扣除额？是分两个年度分别扣除吗？

答：纳税人年末住院，第二年年初出院，一般是在出院时才进行医疗费用的结算。纳税人申报享受大病医疗扣除，以医疗费用结算单上的结算时间为准，因此该医疗支出属于是第二年的医疗费用，到 2019 年结束时，如果达到大病医疗扣除的"起付线"，可以在 2020 年汇算清缴时享受扣除。

问 3-43 在私立医院就诊是否可以享受大病医疗扣除？

答：对于纳入医疗保障结算系统的私立医院，只要纳税人看病的支出在医保系统可以体现和归集，则纳税人发生的与基本医保相关的支出，可以按照规定享受大病医疗扣除。

问 3-44 如何理解大病医疗专项附加扣除的"起付线"和扣除限额的关系？

答：根据《暂行办法》规定，纳税人发生的与基本医保相关的医药费用支出，扣除医保报销后个人负担（指医保目录范围内的自付部分）累计超过1.5万元的部分，在8万元限额内据实扣除。上述所称的1.5万元是"起付线"，8万元是限额。

四、住房贷款利息

问 3-45 住房贷款利息专项附加扣除的扣除范围是什么？

答：纳税人本人或其配偶单独或共同使用商业银行或住房公积金个人住房贷款为本人或其配偶购买中国境内住房，发生的首套住房贷款利息支出。

问 3-46 住房贷款利息专项附加扣除的标准是怎么规定的？

答：在实际发生贷款利息的年度，按照每月1000元标准定额扣除，扣除期限最长不超过240个月。纳税人只能享受一次首套住房贷款的利息扣除。

问 3-47 住房贷款利息专项附加扣除的扣除主体是谁？

答：经夫妻双方约定，可以选择由其中一方扣除，具体扣除方式在一个纳税年度内不能变更。

问 3-48 住房贷款利息专项附加扣除的扣除方式是怎样的？

答：住房贷款利息专项附加扣除采取定额扣除方式。

问 3-49 住房贷款利息专项附加扣除享受的时间范围？

答：纳税人的住房贷款利息扣除期限最长不能超过240个月，240个月后不能享受附加扣除。对于2019年之后还处在还款期，只要符合条件，就可以扣除。

问3-50 夫妻双方婚前都有住房贷款，婚后怎么享受住房贷款利息专项附加扣除？

答：夫妻双方婚前分别购买住房发生的首套住房贷款，其贷款利息支出，婚后可以选择其中一套购买的住房，由购买方按扣除标准的100%扣除，也可以由夫妻双方对各自购买的住房分别按扣除标准的50%，具体扣除方式在一个年度内不得变更。

问3-51 住房贷款利息和住房租金扣除可以同时享受吗？

答：不可以。纳税人及其配偶在一个纳税年度内不能同时分别享受住房贷款利息和住房租金专项附加扣除。

问3-52 首套房的贷款还清后，贷款购买第二套房屋时，银行仍旧按照首套房贷款利率发放贷款，首套房没有享受过扣除，第二套房屋是否可以享受住房贷款利息扣除？

答：根据《暂行办法》相关规定，如纳税人此前未享受过住房贷款利息扣除，那么其按照首套住房贷款利率贷款购买的第二套住房，可以享受住房贷款利息扣除。

问3-53 我有一套住房，是公积金和商贷的组合贷款，公积金中心按首套贷款利率发放，商业银行贷款按普通商业银行贷款利率发放，是否可以享受住房贷款利率扣除？

答：一套采用组合贷款方式购买的住房，如公积金中心或者商业银行其中之一，是按照首套房屋贷款利率发放的贷款，则可以享受住房贷款利息扣除。

问3-54 父母和子女共同购房，房屋产权证明、贷款合同均登记为父母和子女，住房贷款利息专项附加扣除如何享受？

答：父母和子女共同购买一套房子，不能既由父母扣除，又由子女扣除，应该由主贷款人扣除。如主贷款人为子女的,由子女享受贷款利息专项附加扣除;主贷款人为父母中一方的,由父母任一方享受贷款利息扣除。

问 3-55 父母为子女买房,房屋产权证明登记为子女,贷款合同的贷款人为父母,住房贷款利息支出的扣除如何享受?

答:从实际看,房屋产权证明登记主体与贷款合同主体完全没有交叉的情况很少发生。如确有此类情况,按照《暂行办法》规定,只有纳税人本人或者配偶使用住房贷款为本人或者其配偶购买中国境内住房,发生的首套住房贷款利息支出可以扣除。本问中,父母所购房屋是为子女购买的,不符合上述规定,父母和子女均不可以享受住房贷款利息扣除。

问 3-56 丈夫婚前购买的首套住房,婚后由丈夫还贷,首套住房利息是否只能由丈夫扣除?妻子是否可以扣除?

答:按照《暂行办法》规定,经夫妻双方约定,可以选择由夫妻中一方扣除,具体扣除方式在一个纳税年度内不能变更。

问 3-57 如何理解纳税人只能享受一次住房贷款利息扣除?

答:只要纳税人申报扣除过一套住房贷款利息,在个人所得税专项附加扣除的信息系统里存有扣除住房贷款利息的记录,无论扣除时间长短、也无论该住房的产权归属情况,纳税人就不得再就其他房屋享受住房贷款利息扣除。

问 3-58 享受住房贷款利息专项附加扣除,房屋证书号码是房屋所有权证/不动产权证上哪一个号码?

答:为房屋所有权证或不动产权证上载明的号码,如"京(2018)朝阳不动产权第0000000号""苏房地(宁)字(2017)第000000号"。如果还没取得房屋所有权证或者不动产权证,但有房屋买卖合同、房屋预售合同的,填写合同上的编号。

问 3-59 个人填报住房贷款相关信息时,"是否婚前各自首套贷款,且婚后分别扣除50%"是什么意思?我该如何填写该栏?

答：如夫妻双方婚前各自有一套符合条件的住房贷款利息的，填写本栏。无此情形的，无须填写。

如夫妻婚后选择其中一套住房，由购买者按扣除标准100%扣除的，则购买者需填写本栏并选择"否"。另一方应当在同一月份变更相关信息、停止申报扣除。

如夫妻婚后选择对各自购买的住房分别按扣除标准的50%扣除的，则夫妻双方均需填写本栏并选择"是"。

问3-60 我刚办的房贷期限是30年，现在被扣完子女教育费用和赡养老人费用我就不用缴税了，我可以选择过两年再开始办理房贷扣除吗？

答：住房贷款利息支出扣除实际可扣除时间为贷款合同约定开始还款的当月至贷款全部归还或贷款合同终止的当月，扣除期限最长不得超过240个月。因此，在不超过240个月以内，您可以根据个人情况办理符合条件的住房贷款利息扣除。

五、住房租金

问3-61 住房租金专项附加扣除的扣除范围是怎么规定的？

答：纳税人及配偶在主要工作城市没有自有住房而发生的住房租金支出，可以按照规定进行扣除。

问3-62 住房租金专项附加扣除中的主要工作城市是如何定义的？

答：主要工作城市是指纳税人任职受雇的直辖市、计划单列市、副省级城市、地级市（地区、州、盟）全部行政区域范围。无任职受雇单位的，为综合所得汇算清缴地的税务机关所在城市。

问3-63 住房租金专项附加扣除的扣除标准是怎么规定的？

答：住房租金专项附加扣除按照以下标准定额扣除：

（1）直辖市、省会（首府）城市、计划单列市以及国务院确定的其他城市，扣除标准为每月1500元；

（2）除上述所列城市以外，市辖区户籍人口超过100万的城市，扣除标准为每月1100元；市辖区人口不超过100万（含）的城市，扣除标准为每月800元。纳税人的配偶在纳税人的主要工作城市有自有住房的，视同纳税人在主要工作城市有自有住房。市辖区户籍人口，以国家统计局公布的数据为准。

问3-64 住房租金专项附加扣除的扣除主体是谁？

答：住房租金支出由签订租赁住房合同的承租人扣除。夫妻双方主要工作城市相同的，只能由一方（即承租人）扣除住房租金支出。夫妻双方主要工作城市不相同的，且各自在其主要工作城市都没有住房的，可以分别扣除住房租金支出。夫妻双方不得同时分别享受住房贷款利息扣除和住房租金扣除。

问3-65 纳税人享受住房租金专项附加扣除应该留存哪些资料？

答：纳税人应当留存住房租赁合同、协议等有关资料备查。

问3-66 夫妻双方无住房，两人主要工作城市不同，各自租房，如何扣除？

答：夫妻双方主要工作城市不同，且都无住房，可以分别扣除。

问3-67 住房贷款利息和住房租金扣除可以同时享受吗？

答：不可以。住房贷款利息和住房租金只能二选一。如果对于住房贷款利息进行了抵扣，就不能再对住房租金进行抵扣。反之亦然。

问3-68 纳税人首次享受住房租金扣除的时间是什么时候？

答：纳税人首次享受住房租赁扣除的起始时间为租赁合同约定起租的当月，截止日期是租约结束或者在主要工作城市已有住房。

问3-69 合租住房可以分别扣除住房租金支出吗？

答：住房租金支出由签订租赁合同的承租人扣除。因此，合租租房的个人（非夫妻关系），若都与出租方签署了规范租房合同，可根据租金定额标准各自扣除。

问 3-70 员工宿舍可以扣除租金支出吗？

答：如果个人不付租金，不得扣除；如果个人支付租金，可以扣除。

问 3-71 某些行业员工流动性比较大，一年换几个城市租赁住房，或者当年度一直外派并在当地租房子，如何申报住房租金专项附加扣除？

答：对于为外派员工解决住宿问题的，不应扣除住房租金。对于外派员工自行解决租房问题且一年内多次变换工作地点的，个人应及时向扣缴义务人或者税务机关更新专项附加扣除相关信息，允许一年内按照更换工作地点的情况分别进行扣除。

问 3-72 个人的工作城市与实际租赁房屋地不一致，是否符合条件扣除住房租赁支出？

答：纳税人在主要工作城市没有自有住房而实际租房发生的住房租金支出，可以按照实际工作地城市的标准定额扣除住房租金。

问 3-73 我是铁路职工，主要工作地在上海和杭州，上海公司提供住宿，杭州自己租房且无自有住房，杭州的房租是否可以专项附加扣除？

答：根据《暂行办法》规定，纳税人及其配偶在纳税人主要工作城市没有自有住房的，纳税人发生的住房租金支出可以扣除。如果您和您的配偶均在杭州没有自有住房，而杭州又是您主要工作城市的，杭州的房租可以扣除。

问 3-74 公租房是公司与保障房公司签的协议，但员工是需要付房租的，这种情况下员工是否可以享受专项附加扣除，这种需要保留什么资料留存备查呢？

答：纳税人在主要工作城市没有自有住房而发生的住房租金支出，可以按照标准定额扣除。员工租用公司与保障房公司签订的保障房，并支付租金的，可以申报扣除住房租金专项附加扣除。纳税人应当留存与公司签订的公租房合同或协议等相关资料备查。

问 3-75 纳税人公司所在地为保定,被派往分公司北京工作,纳税人及其配偶在北京都没有住房,由于工作原因在北京租房,纳税人是否可以享受住房租金扣除项目,按照哪个城市的标准扣除?

答:符合条件的纳税人在主要工作地租房的支出可以享受住房租金扣除。主要工作地指的是纳税人的任职受雇所在地,如果任职受雇所在地与实际工作地不符的,以实际工作地为主要工作城市。本问中,纳税人当前的实际工作地(主要工作地)是北京市,应当按照北京市的标准享受住房租金扣除。

问 3-76 主要工作地在北京,在燕郊租房居住,应当按北京还是燕郊的标准享受住房租金扣除?

答:如北京是纳税人当前的主要工作地,应当按北京的标准享受住房租金扣除。

问 3-77 年度中间换租造成中间有重叠租赁月份的情况,如何填写相关信息?

答:纳税人年度中间月份更换租赁住房、存在租赁期有交叉情形的,纳税人在填写租赁日期时应当避免日期有交叉。

如果此前已经填报过住房租赁信息的,只能填写新增租赁信息,且必须晚于上次已填报的住房租赁期止所属月份。确需修改已填报信息的,需联系扣缴义务人在扣缴客户端修改。

六、赡养老人

问 3-78 赡养老人专项附加扣除的扣除范围是怎么规定的?

答:纳税人赡养年满60岁父母以及子女均已去世的年满60岁祖父母、外祖父母的赡养支出,可以税前扣除。

问 3-79 赡养老人专项附加扣除的扣除标准是怎么规定的?

答:纳税人为独生子女的,按照每月2000元的标准定额扣除。纳税人为非独生子女的，应当与其兄弟姐妹分摊每月 2000 元的扣除额度，分摊的扣除额最高不得超过每月 1000 元。

问 3-80 赡养老人专项附加扣除的分摊方式有哪几种？

答：赡养老人专项附加扣除的分摊方式包括由赡养人均摊或约定分摊，也可以由被赡养人指定分摊。采取指定分摊或者约定分摊方式的，每一纳税人分摊的扣除额最高不得超过每月 1000 元，并签订书面分摊协议。指定分摊与约定分摊不一致的，以指定分摊为准。

问 3-81 赡养老人专项附加扣除的扣除方式是怎样的？

答：赡养老人专项附加扣除采取定额标准扣除方式。

问 3-82 赡养老人专项附加扣除的扣除主体是谁？

答：赡养老人专项附加扣除的扣除主体包括：一是负有赡养义务的所有子女。《婚姻法》规定：婚生子女、非婚生子女、养子女、继子女有赡养扶助父母的义务。二是祖父母、外祖父母的子女均已经去世，负有赡养义务的孙子女、外孙子女。

问 3-83 纳税人父母年龄均超过 60 周岁，在进行赡养老人扣除时，是否可以按照两倍标准扣除？

答：不可以。扣除标准是按照每个纳税人有两位赡养老人测算的。只要父母其中一位达到 60 岁就可以享受扣除，不按照老人人数计算。

问 3-84 由于纳税人的叔叔伯伯无子女，纳税人实际承担对叔叔伯伯的赡养义务，是否可以扣除赡养老人支出？

答：不可以。被赡养人是指年满 60 岁的父母，以及子女均已去世的年满 60 岁的祖父母、外祖父母。

问 3-85 赡养老人的分摊扣除，是否需要向税务机关报送协议？

答：纳税人之间赡养老人支出采用分摊扣除的，如果是均摊，兄弟姐妹之间不需要再签订书面协议,也无须向税务机关报送。如果采取约定分摊或者老人指定分摊的方式,需要签订书面协议,书面协议不需要向税务机关或者扣缴义务人报送,自行留存备查。

问 3-86 赡养岳父岳母或公婆的费用是否可以享受个人所得税附加扣除?

答:不可以。被赡养人是指年满 60 岁的父母,以及子女均已去世的年满 60 岁的祖父母、外祖父母。

问 3-87 父母均要满 60 岁,还是只要一位满 60 岁即可?

答:父母中有一位年满 60 周岁的,纳税人可以按照规定标准扣除。

问 3-88 独生子女家庭,父母离异后再婚的,如何享受赡养老人专项附加扣除?

答:对于独生子女家庭,父母离异后重新组建家庭,在新组建的两个家庭中,只要父母中一方没有纳税人以外的其他子女进行赡养,则纳税人可以按照独生子女标准享受每月 2000 元赡养老人专项附加扣除。除上述情形外,不能按照独生子女享受扣除。在填写专项附加扣除信息表时,纳税人需注明与被赡养人的关系。

问 3-89 双胞胎是否可以按照独生子女享受赡养老人扣除?

答:双胞胎不可以按照独生子女享受赡养老人扣除。双胞胎兄弟姐妹需要共同赡养父母,双胞胎中任何一方都不是父母的唯一赡养人,因此每个子女不能独自 2000 元的扣除额度。

问 3-90 生父母有两个子女,将其中一个过继给养父母,养父母家没有其他子女,被过继的子女属于独生子女吗?留在原家庭的孩子,属于独生子女吗?

答:被过继的子女,在新家庭中属于独生子女。留在原家庭的孩子,如没有兄弟姐妹与其一起承担赡养生父母的义务,也可以按照独生子女标准享受扣除。

问 3-91 非独生子女的兄弟姐妹都已去世，是否可以按独生子女赡养老人扣除2000元/月？

答：一个纳税年度内，如纳税人的其他兄弟姐妹均已去世，其可在第二年按照独生子女赡养老人标准2000元/月扣除。如纳税人的兄弟姐妹在2019年1月1日以前均已去世，则选择按"独生子女"身份享受赡养老人扣除标准；如纳税人已按"非独生子女"身份填报，可修改已申报信息，1月按非独生子女身份扣除少享受的部分，可以在下月领工资时补扣除。

问 3-92 子女均已去世的年满60岁的祖父母、外祖父母，孙子女、外孙子女能否按照独生子女扣除，如何判断？

答：只要祖父母、外祖父母中的任何一方，没有纳税人以外的其他孙子女、外孙子女共同赡养，则纳税人可以按照独生子女扣除。如果还有其他的孙子女、外孙子女与纳税人共同赡养祖父母、外祖父母，则纳税人不能按照独生子女扣除。

问 3-93 两个子女中的一个无赡养父母的能力，是否可以由余下那名子女享受2000元扣除标准？

答：不可以。按照《暂行办法》规定，纳税人为非独生子女的，在兄弟姐妹之间分摊2000元/月的扣除额度，每人分摊的额度不能超过每月1000元，不能由其中一人单独享受全部扣除。

问 3-94 非独生子女，父母指定或兄弟协商，是否可以最高某一个子女可以扣2000元？

答：根据《个人所得税专项附加扣除暂行办法》规定，纳税人为非独生子女的，由其与兄弟姐妹分摊每月2000元的扣除额度，每人分摊的额度不能超过每月1000元。因此，非独生子女是不能通过父母指定或兄弟协商享受2000元扣除标准的。

问 3-95 赡养老人扣除应当填报和报送什么资料?

答:享受赡养老人扣除,只须填报相关信息即可,无须报送资料。填报的信息包括:是否为独生子女、月扣除金额、被赡养人姓名及身份证件类型和号码、与纳税人关系;此外,有共同赡养人的,还要填报分摊方式、共同赡养人姓名及身份证件类型和号码等信息。

七、通用类

问 3-96 我们一家人都在农村务农,是不是不能享受专项附加扣除?我能够享受哪些方面的税收优惠?

答:根据修改后的税法规定,纳税人取得工资薪金、劳务报酬、稿酬、特许权使用费等综合所得,可以减除专项附加扣除。如果纳税人从事个体经营,同时没有这些综合所得的,也可以享受专项附加扣除。现在很多人进城打工,也有工资收入,可以享受专项附加扣除。

纳税人在农村务农,没有综合所得,如果从事种植业、养殖业、饲养业和捕捞业取得的所得,国家是予以免征个人所得税的。

问 3-97 符合扣除条件的纳税人,什么时候可以办理专项附加扣除?

答:除大病医疗外,其他 5 项专项附加扣除,只要纳税人在纳税年度内符合其中的一项或多项扣除条件时,就可以向工资薪金的扣缴单位填报相关信息,享受专项附加扣除。大病医疗,或者纳税人年度内未享受或未足额享受的,可在次年 3 月 1 日至 6 月 30 日办理综合所得汇算清缴时向税务机关填报相关专项附加扣除信息,享受扣除优惠。

问 3-98 2019 年 1 月 1 日起就可以享受专项附加扣除信息,可是还有一些填报事项不明确或其他原因,来不及报送专项附加扣除信息怎么办?

答:对部分专项附加扣除事项不确定,或是其他原因,未能在 2019 年 1 月份,或符合专项附加扣除条件的当月报送专项附加扣除信息的,可以在相关事项确定后，再填报相关扣除信息；对之前符合条件应当享受而未享受的，可以在该纳税年度剩余月份补充享受。也可以在次年3月1日至6月30日内，通过向税务机关办理综合所得汇算清缴申报时办理扣除。

问 3-99 纳税人填报专项附加扣除信息有哪些注意事项？

答：（1）根据专项附加扣除办法规定的条件，判断自己是否有符合相关条件的专项附加扣除项目。

（2）根据自己的实际情况，在电子税务局网页、手机APP、电子模板、纸质报表四种方式中，选择一种专项附加扣除信息的提交方式。

（3）根据自己符合条件的专项附加扣除项目，如实填报相应的专项附加扣除信息。

（4）姓名、身份证号、手机号码等信息务必填写准确，以保障您的合法权益，避免漏掉重要的税收提醒服务；选填项尽可能填写完整，以便更好地为您提供税收服务。

（5）通过电子模板、纸质报表等方式填报专项附加扣除信息的，应留存好本人和扣缴义务人或者税务机关签字盖章纸质信息表备查。

（6）纳税人应于每年12月份对次年享受专项附加扣除的内容进行确认。如未及时确认的，次年1月起暂停扣除，待确认后再享受。

问 3-100 通过手机APP填报的专项附加扣除信息，是否也需要打印出来交给单位盖章保存？

答：不需要。纳税人通过远程办税端（手机APP、网页）填报专项附加扣除信息并选择扣缴单位办理扣除的，无须将相关信息打印出来交单位盖章保存。

八、信息系统操作类

问 3-101 自然人税收管理系统扣缴客户端在哪可以下载安装？

答：自然人税收管理系统扣缴客户端适用于扣缴义务人代扣代缴个人所得税。扣缴义务人可通过所在省税务局的官方网站下载自然人税收管理系统扣缴客户端。

双击安装包程序，点击【立即安装】，即可安装扣缴客户端到本地电脑。

问 3-102 扣缴客户端如何进行注册？

答：系统安装完成后，需要进行注册。注册的过程大致为通过纳税人识别号从税务系统获取相应的企业信息，保存到本地扣缴客户端的过程，具体为：

点击安装完成界面上的【立即体验】（或点击桌面"自然人税收管理系统扣缴客户端"快捷方式），即进入注册流程。注册共有五步：第一步：录入单位信息；第二步：获取办税信息；第三步：备案办税人员信息；第四步：设置登录密码；第五步：设置数据自动备份。

问 3-103 在扣缴客户端导入专项附加扣除信息提示导入成功15个，但是扣除界面只有13条信息。

答：扣缴客户端在任何一个专项附加扣除界面都可以导入全部人员的各项专项附加扣除信息。导入完成后，在该专项附加扣除页面只会显示本项专项附加扣除的人员信息，无此项扣除的人员不在此显示，可在其他专项附加扣除页面查看相应的专项附加扣除信息。

问 3-104 扣缴客户端采集完专项附加扣除信息后，再导入工资薪金数据，没有自动生成专项附加扣除金额。

答：正常工资薪金表中专项附加扣除金额可以自行手工填写，也可以选择需要预填的人员范围，然后点击【预填专项附加扣除】按钮，系统会自动按照已采集的专项附加扣除信息计算出可扣除金额。

问 3-105 单位发2019年1月的工资，怎么在软件里面按新税制计算出应缴纳多少税款？

答：步骤一：打开扣缴客户端，录入并报送员工信息（对已经录入的，可忽略）。

步骤二：可通过标准模版表采集员工专项附加扣除信息，导入扣缴客户端；也可以由员工自己通过"个人所得税"APP或自然人办税服务平台网页报送专项附加扣除信息（每项的申报方式要选定为"通过扣缴义务人申报"并选定给指定的单位），三天后单位再点击【下载更新】按钮下载员工的专项附加扣除信息。

步骤三：导入当月收入正常工资薪金表，并点击【预填专项附加扣除】按钮，扣缴客户端会根据已有的专项附加扣除信息自动进行预填。

步骤四：点击【税款计算】步骤，系统会自动计算当月应纳税额，最后导出计算结果即可。

问3-106 单位员工如果在2019年1月份没有采集专项附加扣除项目，3月份才开始采集，会存在多缴税的情况吗？

答：综合所得采用累计预扣法计税：

本期应预扣预缴税额 =（累计预扣预缴应纳税所得额 × 税率 - 速算扣除数）- 已预扣预缴税额

累计预扣预缴应纳税所得额 = 累计收入 - 累计免税收入 - 累计基本减除费用 - 累计专项扣除 - 累计专项附加扣除 - 累计依法确定的其他扣除

这种情况对于员工个人来说，在专项附加扣除采集前可能会多预缴税款，但在采集后每次申报时会累计扣除前几个月的总和，如果税款为负值，暂不退税，一直往后留抵，在次年3~6月进行个人年度汇算清缴申报时多退少补。

问3-107 扣缴客户端软件，导入员工提交上来的专项附加扣除电子表格时，无法选择到具体的电子表格？

答：扣缴客户端中专项附加扣除信息批量导入，只能通过文件夹批量导入，系统会把该文件夹里面所有的专项附加扣除电子表格全部导入。

问3-108 若纳税人选择由扣缴义务人方式扣除个人的专项附加扣除信息，是否需要每月都向扣缴义务人提交专项附加扣除电子表格？

答：对于个人专项附加扣除信息未发生变化的，每个扣除年度只需要向扣缴义务人提供一次专项附加扣除信息即可，无须按月提供。

问 3-109 2019 年新个人所得税法全面实施后，原来正在使用的扣缴客户端怎么升级？需要卸载吗？

答：对原来正在使用扣缴客户端的，直接打开运行后就可以自动升级。若升级失败，建议先备份数据，然后安装新版扣缴客户端软件。安装好后，在"2018 年"版本模式下恢复原备份数据，再切换到"2019 年"版本模式下，这时系统会把当前正常状态的人员信息全部迁移到新界面里面，无须重新导入人员信息。

问 3-110 扣缴客户端软件升级后，怎么查询所属 2018 年及以前的申报数据？如果涉及补报所属 2018 年及以前年度税款的，该怎么操作？

答：扣缴客户端升级后有"2018 年""2019 年"两种版本模式。"2018 年"的版本模式可用于查询历史数据，以及进行税款所属期 2018 年及以前的申报（含更正申报）；"2019 年"的版本模式适用于税款所属期 2019 年以后的申报（含更正申报）。

问 3-111 扣缴义务人应该通过哪个功能菜单来采集专项附加扣除信息？

答：在扣缴客户端中，进入到"2019 年"版本模式，通过【专项附加扣除信息采集】菜单，选择单个"添加"或者"导入"方式采集。如果当前版本模式是"2018 年"，则通过系统右上角的【版本切换】按钮，切换到新版模式下操作。

问 3-112 扣缴客户端批量导入专项附加扣除信息后，提示部分导入成功。未导入的信息该如何处理呢？

答：在导入失败情况下，扣缴客户端会在导入文件夹里面生成一张导入失败的错误信息表。请查看具体错误原因，修改完善好对应内容后重新导入即可。

问 3-113 专项附加扣除信息表导入时提示"个人信息在系统中不存在，无法导入"。怎么办？

答：请先在扣缴客户端中导入或录入相关人员信息，并进行人员信息报送。

问 3-114 扣缴客户端中，身份验证状态有哪些？有什么含义？

答：【待验证】表示人员信息初次添加或修改时的默认状态。

【验证中】表示尚未获取到公安机关的居民身份登记信息，系统会自动获取到验证结果，无须再进行另外的操作。

【验证通过】表示采集的人员信息与公安系统的信息是一致的。

【验证失败】表示该自然人身份信息与公安机关的居民身份登记信息不一致，可以核实后将信息修改正确，如果确认无问题的，可暂时忽略该验证结果，正常进行申报。

【暂不验证】表示该自然人身份证件类型为非居民身份证（如来华工作许可证、外国护照等），目前尚无法进行验证，可以忽略该结果，正常进行后续操作。

问 3-115 扣缴客户端中，对已有申报记录的人员信息如何删除？

答：已经在扣缴客户端中申报过的人员，为了保证数据的完整性，不能删除，可以在"人员信息采集"中将"人员状态"修改为"非正常"。若希望在人员信息采集页面中不再显示该人员，点击【人员信息采集】→【更多操作】→【隐藏非正常人员】即可。

问 3-116 扣缴客户端中，如何隐藏非正常状态人员？

答：点击【人员信息采集】→【更多操作】→【隐藏非正常人员】，即可隐藏全部非正常人员。

问 3-117 扣缴客户端中，如何显示隐藏的非正常人员？

答：点击【人员信息采集】→【更多操作】→【显示非正常人员】，即可显示全部非正常人员。

问 3-118 扣缴客户端中，对人员状态被修改为非正常的人员，是否需要报送人员信息？

答：人员信息发生修改，都需要点击【报送】按钮将相关信息报送给税务机关。

非正常表示员工从该单位离职，离职后员工在"个人所得税"APP 的任职受雇单位中，将不显示该企业信息。

问 3-119 员工没能及时将专项附加扣除信息提交给扣缴义务人，可不可以下个月补报？

答：扣缴义务人根据员工提交的专项附加扣除信息，按月计算应预扣预缴的税款，向税务机关办理全员全额纳税申报。如果员工未能及时报送，也可在以后月份补报，由扣缴义务人在当年剩余月份发放工资时补扣，不影响员工享受专项附加扣除。如员工 A 在 2019 年 3 月份向单位首次报送其正在上幼儿园的 4 岁女儿相关信息，则 3 月份该员工可在本单位发工资时累计可扣除子女教育支出为 3000 元（1000 元/月×3 个月）。到 4 月份该员工可在本单位发工资时累计可扣除子女教育支出为 4000 元（1000 元/月×4 个月）。

问 3-120 如果员工一年内都没将专项附加扣除信息提交给扣缴义务人怎么办？

答：在一个纳税年度内，员工如果没有及时将专项附加扣除信息报送给扣缴义务人，以致在扣缴义务人预扣预缴工资、薪金所得税时未享受扣除的，员工可以在次年 3 月 1 日至 6 月 30 日内，向汇缴地主管税务机关进行汇算清缴申报时办理扣除。

问 3-121 对选择由扣缴义务人申报专项附加扣除的纳税人，若专项附加扣除信息发生变化，应如何处理？

答：若纳税人的专项附加扣除信息发生变化，纳税人可通过"个人所得税"APP、"自然人办税服务平台"网页自行更新，通知扣缴义务人在扣缴客户端中点击【下载更新】，下载最新的专项附加扣除信息；或填写《个人所得税专项附加扣除信息表》提交给扣缴义务人。扣缴义务人在扣缴客户端中点击【修改】，更新填报信息。

问 3–122 一个月同时租住两处住房或者年度中间换租造成中间有重叠租赁月份的情况，该如何处理？

答：一个月同时租住两处住房的，只能填写一处；年度中间月份更换租赁住房的，不能填写两处租赁日期有交叉的住房租金信息。若有重叠租赁月份的，则将上次已填报的住房租金的有效期止提前终止，或者新增住房租金信息租赁期起必须晚于上次已填报的住房租赁期止所属月份。

问 3–123 扣缴客户端中，人员的联系方式如何批量修改？

答：步骤一：点击扣缴客户端上方【代扣代缴】，进入"代缴代缴"模块。

步骤二：点击软件左侧【人员信息采集】→【导出】→【全部人员】；

步骤三：在导出的 Excel 人员信息表中对"联系电话"列进行补充或修改；

步骤四：修改保存成功后，再次打开扣缴客户端，点击软件左侧【人员信息采集】→【导入】→【导入文件】→点击【选择】，选择对应的人员信息 Excel 表格→【打开】，导入成功即可。

问 3–124 扣缴客户端登录界面的登录密码忘记了，该如何处理？

答：点击扣缴客户端登录界面的【忘记密码】，填写人员身份信息后再选择一种可用验证方式，验证通过后，然后在"重置密码"页面完成新密码的设置即可。

问 3–125 扣缴客户端中，如何操作人员信息的批量修改非正常？

答：步骤一：打开扣缴客户端中"人员信息采集",选中所有人员,点击【更多操作】→【批量修改】,【待修改属性】选择【人员状态】,人员状态选择【非正常】,点击【修改】。

步骤二：在扣缴客户端标准人员信息模板中输入本月在职员工的信息,点击【人员信息采集】→【导入】→【导入文件】,将做好的模板重新导入即可。

问 3-126 扣缴客户端中,人员信息采集为什么新增【报送】功能?

答：因为扣缴客户端的人员信息采集中员工信息要和公安部进行比对,可增加员工真实性校验,并且也为税改后的汇算清缴申报做准备,只有员工是真实的才能进行汇算清缴。所以采集好人员信息需要点击【报送】。

注意,如果该人员状态为"非正常"(即离退人员),则无须进行报送。

问 3-127 扣缴客户端中,点击【申报表报送】提示："以下【x】位人员未完成报送登记,请及时完成报送并获取反馈：姓名：【xx】证照号码：【xxx】",该如何处理?

答：提示的人员没有在扣缴客户端中进行人员信息的报送登记,自 2018 年 8 月 1 日起,人员信息必须先完成报送登记,才可进行申报表报送。

点击左侧【人员信息采集】,将提示中的人员勾选上点击【报送】,再点击【获取反馈】获取身份验证结果,身份验证通过后就可以正常申报。

问 3-128 如何在扣缴客户端中下载人员信息导入模板?

答：点击扣缴客户端中【人员信息采集】→【导入】→【模板下载】,选择需要保存的路径,点击保存即可。

问 3-129 扣缴客户端中,人员信息如何导出?

答：在"人员信息采集"模块,点击【展开查询条件】,输入查询条件后,勾选需要导出的人员信息,点击【导出】即可。

问 3-130 扣缴客户端中,人员信息如何打印出来?

答：在"人员信息采集"模块，点击【展开查询条件】，输入查询条件后，勾选需要导出的人员信息，点击【导出】保存后，即可选择人员信息进行打印。

问 3-131 扣缴客户端中，人员信息显示的顺序与导入电子表格文件中不一致，该如何处理？

答：情况一：在"人员信息采集"中采集了工号信息，点击【工号】列中出现的三角图标，即可按工号进行排序。

情况二：在"人员信息采集"中没有采集工号信息，可以点击【姓名】列或其他列进行排序，也可以采集工号信息后再进行排序。

问 3-132 纳税人在公安系统中改姓名了，扣缴客户端如何修改？

答：点击【获取反馈】获取的身份验证状态如果显示"待验证""验证中"或"验证不通过"的情况，可直接在人员信息采集模块中进行修改；如果显示"验证通过"的情况，则纳税人需持有效身份证件前往税务大厅进行自然人关键信息变更，更正后通知扣缴义务人在扣缴客户端进行特殊情形处理，下载更新信息。

问 3-133 扣缴客户端中，证件号码录入错误如何修改？

答：对于未申报过的人员，在"人员信息采集"中修改更正证件号码信息，点击【保存】即可。

对于已申报过的人员，在"人员信息采集"中将"人员状态"修改为"非正常"，点击【保存】。随后重新录入正确的人员信息后，再申报当月数据。申报成功后需携带有效身份证件至办税服务厅办理自然人多证同用并档管理。

问 3-134 扣缴客户端中，非正常人员如何修改为正常？

答：在"人员信息采集"模块，勾选非正常状态的人员信息，双击打开页面后将右上方的"非正常"状态改选为"正常"状态，点击【保存】即可。

如需批量进行修改,勾选非正常状态的人员信息,点击【更多操作】→【批量修改】,"待修改属性"中选择"人员状态",将人员状态信息修改为正常,点击【保存】即可。

问 3-135 扣缴客户端中,在人员信息采集界面点击【获取反馈】按钮后,需要多长时间才能获取反馈成功?

答:身份验证具有延时性,但不会影响下一步申报操作。只要报送状态为"报送成功",均可正常申报。

问 3-136 扣缴客户端中,在人员信息采集界面添加并录入完境内或境外人员信息后,点击【保存】按钮时,为什么系统没有反应?

答:采集人员信息时,带星(*)号的项目是必填项,请注意检查必填项是否已正确录入。保存后,注意检查界面上是否存在标注成红框的项目,若存在则将标注红框的项目填写正确后再点击【保存】。

问 3-137 扣缴客户端中,人员信息采集时错将姓名录成了繁体字,报送状态显示"报送成功"且身份证验证状态显示"验证成功",但身份证上是简体字,这种情况应如何修改?

答:无须修改。后台可实现简繁体自动转换。

问 3-138 重装扣缴客户端后,人员信息采集信息为空,应如何处理?

答:情况1:若扣缴客户端重装前备份了数据,可进行数据恢复操作。

情况2:若系统重装前没有备份过数据,可通过人员信息采集界面的【添加】按钮或【导入】功能采集人员信息。

问 3-139 扣缴客户端中,人员信息采集时提示"15位身份证不允许保存,请升级为18位身份证"。该如何处理?

答:扣缴客户端要求新增人员的身份证信息必须使用18位身份证号,纳税人身份证号为15位的须升为18位后方可正常申报。

问 3-140 扣缴客户端中，在人员信息导入时提示：已有申报记录，由境内人员证件类型、证件号码、姓名确定唯一的纳税人识别号。该如何处理？

答：出现该提示有两种情况：（1）扣缴客户端和正导入的文件中都有所提示的证件号码，但是这个证件号码在扣缴客户端和正导入的文件中对应的姓名不一样。在人员信息中检查一下，如果姓名不正确，可以直接在扣缴客户端中修改；（2）正导入的文件中有重复的证件号码，去掉重复人员后再次导入即可。

问 3-141 如何修改扣缴客户端的申报密码？

答：点击扣缴客户端软件左侧菜单【系统设置】→【申报管理】→【申报安全设置】→输入"原申报密码"→再输入"新申报密码"和"确认新申报密码"，即可完成申报密码的修改。

问 3-142 扣缴客户端如何更新办税信息？

答：点击扣缴客户端软件左侧【系统设置】→【申报管理】→【办税信息更新】→【下载】按钮，提示信息获取成功即可。

问 3-143 扣缴客户端中，导入模板时提示"如下系统必导项尚未关联您选择文件的表格列"。请问如何处理？

答：出现该提示是因为导入的模板里没有所提示的这一列。请先下载标准模板，然后将刚才导入的表格中的信息复制到标准模板对应列中，再重新导入即可。注意，下载模板时建议重命名，避免覆盖原来的文件。

问 3-144 扣缴客户端中，发送申报表时提示"姓名中间不允许有空格，请修改"。请问如何处理？

答：出现该提示是由于人员姓名中存在空格导致。

请点击软件左侧【人员信息采集】，找到提示中的报错人员并双击，再修改姓名并报送，然后点击申报表报送即可。

问 3-145 扣缴客户端中，税延养老保险附表中的年度保费该如何

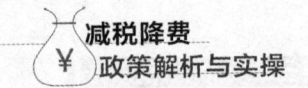

填写？

答：税延养老保险附表中的年度保费是取得个体工商户的生产经营所得、对企事业单位的承包承租经营所得的个人及特定行业取得工资薪金的个人填写，据实填写《个人税收递延型商业养老保险扣除凭证》载明的年度保费金额即可。

问 3-146 扣缴客户端中，税延养老保险附表中的月度保费如何填写？

答：税延养老保险附表中的月度保费是取得工资薪金所得、连续性劳务报酬所得（特定行业除外）的个人填写，填写《个人税收递延型商业养老保险扣除凭证》载明的月度保费金额，一次性缴费的保单填写月平均保费金额。

问 3-147 纳税人通过电子模版方式报送给扣缴义务人的《个人所得税专项附加扣除信息表》，扣缴义务人是否需要打印下来让纳税人签字？

答：需要打印签字。根据《国家税务总局 关于发布〈个人所得税专项附加扣除操作办法（试行）〉的公告》（国家税务总局公告 2018 年第 60 号）第四章第二十条第二点的相关规定，纳税人通过填写电子或者纸质《扣除信息表》直接报送扣缴义务人的，扣缴义务人将相关信息导入或者录入扣缴端软件，并在次月办理扣缴申报时提交给主管税务机关。《扣除信息表》应当一式两份，纳税人和扣缴义务人签字（章）后分别留存备查。

问 3-148 扣缴客户端中，专项附加扣除信息导入模版是什么格式的 Excel 表？单位采集的电子表格格式不一致，该如何处理？

答：扣缴客户端中，专项附加扣除信息采集表的文件格式支持 xls 和 xlsx 两种，建议使用 xls 格式以获取更高的导入效率。

若员工提交的专项附加扣除信息采集表不是以上两种格式，请用办公软件打开该表另存为以上两种格式，再进行导入即可。

问 3-149 扣缴客户端"人员信息采集"的"境外人员"中，录入证照号码时系统提示"港澳居民来往内地通行证的号码只能是 9 位数字和字母混合",但该人员的通行证号码为10位数,无法保存。

答:港澳居民来往内地通行证号码格式如下:第1位为字母(香港居民为H,澳门居民为M),第2~9位为数字(为持证人的终身号),第10~11位为换证次数。如H0139133901,录入证照号码时只需录入H01391339即可,换证次数无须录入。

问 3-150 扣缴单位使用的扣缴客户端登录后显示"2018年"和"2019年"两个蓝色按钮,有何不同?

答:为支持新个人所得税法的实施,扣缴客户端进行了较大升级(对原来正在使用扣缴客户端的,直接打开运行后会自动升级)。扣缴客户端升级后有"2018年"和"2019年"两种版本模式:"2018年"的版本模式可用于查询2018年及之前的数据,以及进行税款所属期2018年及以前的申报(含更正申报);"2019年"的版本模式适用于税款所属期2019年以后的申报(含更正申报)。可通过系统右上角的"版本切换"按钮,切换到另一版本模式下操作。新个人所得税法中的专项附加扣除报送等功能在"2019年"版本模式中。

问 3-151 自然人申请个人所得税WEB端(APP端)的注册码,如何发放?

答:(1)操作人员点击菜单列表的【发放注册码】,检查证明资料是否准确齐全,如无问题点击【下一步】;

(2)在新弹出的界面选择好身份证类型,依次输入身份证件号码、姓名和国籍后,点击【下一步】,系统弹出"注册码打印单"界面,点击【打印】即可。

问 3-152 自然人申请注册码成功后,不慎遗失或忘记,怎么办?

答:未注册成功的自然人可以重复申请注册码,同一纳税人再次申请注册码时,原注册码失效。

问 3-153 个人所得税WEB端(APP端)的登录密码如何重置?

答：(1) 操作员点击【个人业务办理】，选择办理事项"重置密码"，可以通过"身份证阅读器"获取身份信息，或者输入"纳税人识别号"（或根据身份证件类型和证件号码），点击回车键，显示"自然人信息"；

(2) 检查自然人提交的资料是否准确完整，如准确完整则点击【下一步】，系统提示"重置成功"，点击【确认】；

(3) 系统跳转至纳税人重置密码确认单打印界面，点击【打印】。

问 3-154 自然人信息采集主界面的户籍所在地、经常居住地以及境内无住所信息附表的联系地址三者的填写关系？

答：三者之间的填写规则：如采集选择的是居民身份证或中国护照，则户籍所在地必填，经常居住地选填；如采集选择的是非居民身份证或中国护照，户籍所在地非必录，经常居住地和联系地址必录其一。

问 3-155 自然人选择为残孤烈时，为什么残疾人号是必填项，烈属证号是选填项？

答：考虑到烈属证历史遗留问题，如证件遗失走补发流程比较麻烦，故目前暂未要求必填。

问 3-156 自然人变更登记模块中的姓名、身份证件类型、身份证件号码是灰色的，修改不了，如何操作？

答：姓名、身份证件类型、身份证件号码是唯一性信息，唯一性信息修改需要在"自然人关键信息变更"中进行变更操作，并且目前关键信息只支持姓名的变更；其他关键信息错误需修改时，用正确的自然人信息重新建档，建档后对新旧档案并档处理，并选择新档案为主档案。

问 3-157 需要在投资方分配比例维护菜单维护分配比例的企业类型有哪些？

答：私营合伙企业、内资合伙、港澳台合伙、外资合伙、民办非企业单位（合伙）。

问 3-158 自然人登记的时候把名字登记错了，怎么修改？

答：在"自然人关键信息变更"中进行变更即可。

问 3-159 个税投资方分配比例维护主要维护哪些信息？

答：个税投资方信息维护功能仅可对分配比例数据项进行修改，纳税人若需新增、删除投资方信息或对投资方信息中的其他数据项进行修改，需在金三核心系统的"变更税务登记"功能中进行变更。

问 3-160 电子资料采集可以采集哪些资料？

答：目前版本可以采集残疾证件、烈属证件两类证件。

问 3-161 根据《关于科技人员取得职务科技成果转化现金奖励有关个人所得税政策的通知》（财税〔2018〕58号），非营利性科研机构和高校向科技人员发放职务科技成果转化现金奖励时可以享受税收优惠，符合政策要求的纳税人享受优惠前是否要先进行备案？

答：根据《国家税务总局 关于科技人员取得职务科技成果转化现金奖励有关个人所得税征管问题的公告》（国家税务总局公告2018年第30号），非营利性科研机构和高校向科技人员发放职务科技成果转化现金奖励，应于发放之日的次月15日内，向主管税务机关报送《科技人员取得职务科技成果转化现金奖励个人所得税备案表》。

问 3-162 根据《关于科技人员取得职务科技成果转化现金奖励有关个人所得税政策的通知》（财税〔2018〕58号），从职务科技成果转化收入中给予科技人员的现金奖励，可减按50%计入科技人员当月"工资、薪金所得"，依法缴纳个人所得税。针对该种场景如何进行个人所得税的申报？

答：符合政策要求的非营利性研究开发机构和高等学校，从职务科技成果转化收入中给予纳税人的现金奖励作为工资、薪金所得，在申报当月工资、薪金所得时，将现金奖励并入当期工资、薪金中，并将现金奖励的50%作为免税所得，填入免税所得数据项中，并在减免附表中填列相应的减免事项。

问 3-163 【税收优惠日常管理】功能进行管理启动后，后续如何查询受理审批结果？

答：税务人员进行【税收优惠日常管理】功能启动后，可通过【税收优惠日常管理清册】功能查询受理审批结果信息，或出于管理需要查询税收优惠日常管理业务的相关统计信息。

问 3-164 办税人员打印文书出现分页现象，如何处理？

答：(1) 请清空 IE 浏览器缓存，重新打印；

(2) 下载打印组件，运行，卸载；卸载完，重新安装，清除缓存，重新打印；

(3) 若上述方法无效，则将电脑 C:\jdlssoft\iitms 目录下的文件夹 print 备份；拷贝能够正常打印的电脑的对应目录下的 print 文件夹，替换，清除缓存，重新打印。

问 3-165 个人所得税定率核定的通知书后期可以在哪进行打印？

答：在个人税收管理系统－大厅发放。

问 3-166 如何把查账征收变更为核定征收？

答：在个人税收管理系统－征收－个人所得税核定申请模块进行操作。

问 3-167 中国税收居民身份证明适用的业务场景？

答：根据《国家税务总局 关于开具〈中国税收居民身份证明〉有关事项的公告》（国家税务总局公告 2016 年第 40 号）政策规定，个人为享受中国政府对外签署的税收协定待遇，可向其主管所得税的税务机关申请开具《中国税收居民身份证明》。

问 3-168 个人税收管理系统中【非居民纳税人享受税收协定待遇情况报告表（退抵税专用）】菜单点击时提示"登记序号为空；流程实例 ID 为空"。该如何处理？

答：《非居民纳税人享受税收协定待遇情况报告表（退抵税专用）》功能

适用于录入退抵税费信息中针对享受非居民待遇退抵税的功能跳转，若需要直接采集非居民税收协定信息可通过《非居民纳税人享受税收协定待遇情况报告表》功能进行采集。

问 3-169 一般征收开票（ITS）缴款方式中为何没有税库联网缴税？

答：在一般征收开票（ITS）模块中，点击【获取最新三方协议信息】，下载成功后在缴款方式中就可以看到了。

问 3-170 扣缴个人所得税报告表（2018）选择2019年1月所属期，为何申报时系统报错？

答：2019年以后的预扣预缴申报需要通过"综合所得个人所得税预扣预缴申报表（ITS）"模块进行操作申报。

问 3-171 个人独资企业在注销环节需要申报2019年1季度经营所得个税，在使用"经营所得个人所得税月（季）度申报（ITS）"时，系统无法选择所属期为2019年1月至2019年3月，无法正常受理申报。

答：将所属期改成2019年1月~2019年1月申报。

问 3-172 自然人APP端自动出现任职受雇单位，而自己又完全不知情，存在信息冒用嫌疑，该怎么办？

答：只要该公司给您做过雇员个人信息报送，且未填报离职日期的，该公司就会出现在您"个人所得税"APP的任职受雇信息中。解决办法如下：

（1）如果是您曾经任职的单位，您可在"个人所得税"APP个人中心的任职受雇信息中点开该公司，然后在右上角点击"申诉"，选择"曾经任职"方式。税务机关会将信息反馈给该公司，由该公司在扣缴客户端软件中把人员信息修改成离职状态即可；

（2）如果是您从未任职的单位冒用的，您可在"个人所得税"APP个人中心的任职受雇信息中点开该公司，然后在右上角点击"申诉"，选择"从未任职"方式，把情况反馈给该公司的主管税务机关，由税务机关展开调查。

您点击申诉后,"个人所得税"APP相关任职信息将不再显示。后续处理结果会通过"个人所得税"APP主页的消息提醒反馈给您,敬请留意。

问3-173 纳税人在APP/WEB端采集好专项附加扣除信息并指定扣缴义务人后,扣缴义务人那边下载不了纳税人的专项附加扣除信息。

答:远程端(APP/WEB端)采集完毕后,扣缴客户端需要过三天才能下载到该纳税人的专项附加扣除信息。

问3-174 "个人所得税"APP为什么要实名注册?

答:(1)为了验证绑定的账户是否属于本人;
(2)对纳税人信息的真实性进行验证审核;
(3)保障纳税人的合法权益和涉税数据安全;
(4)建立完善可靠的互联网信用基础。

问3-175 居民个人有哪些渠道可以填报专项附加扣除信息?

答:(1)自行在"个人所得税"APP填报;
(2)自行在自然人办税服务平台网页报送;
(3)自行到办税服务厅报送给税务机关;
(4)提交给扣缴单位在自然人税收管理系统扣缴客户端软件或到办税服务厅报送。

问3-176 "个人所得税"APP和"自然人办税服务平台"注册用户最后一步提示"登录名被占用",请问怎么处理?

答:登录名具有唯一性,可按照规则自定义,如果所填写的登录名被别人占用了,请修改重新自定义其他登录名,直至提交保存成功即可。

问3-177 "个人所得税"APP从哪里下载?

答:对于安卓手机系统,可以登录所在省税务局"自然人办税服务平台"网页,首页"个人所得税APP扫码登录"二维码下方有一个【手机端下载】,点击后,通过手机扫码下载"个人所得税"APP安装即可。也可以通过各大手机应用商城，搜索"个人所得税"下载 APP 应用。

对于苹果手机系统，请在苹果应用商场 App Store 搜索"个人所得税"下载 APP 应用。

问 3-178 "个人所得税"APP 的注册方式有哪些？

答：目前"个人所得税"APP 有两种注册方式：

（1）人脸识别注册（仅适用于居民身份证注册）。通过人脸识别手段对用户进行实人验证，该方式是通过对实时采集的人脸与公安留存的照片进行比对验证，验证通过后即可完成实名注册。

（2）注册码认证注册（适用于所有证件类型注册）。纳税人先行持有效身份证件及其他证明材料到就近的办税服务厅进行实名认证登记后申请发放注册码，然后采用此注册码在"个人所得税"APP 中注册账号，以后凭此账号即可远程登录"个人所得税"APP 进行办税。

问 3-179 什么是注册码？怎么获取？

答：注册码是指自然人为了开通自然人办税服务平台用户账号进行办税的一种认证方式。先行在办税服务厅进行实名认证后获得注册码，然后使用此注册码在自然人办税服务平台或"个人所得税"APP 中开通账号，以后凭此账号即可远程登录自然人办税服务平台或"个人所得税"APP 进行办税。

自然人可以携带本人有效身份证原件去就近的办税服务大厅申请获取注册码。注册码为 6 位数字和字母。注册码有效期为七天，申请后请及时注册使用。若不慎遗失，可再次申请。

问 3-180 "个人所得税"APP 登录账号有哪些？

答：有三种，分别为登录名、手机号码、证件号码（外国护照除外）。

问 3-181 "个人所得税"APP 如何通过人脸识别认证注册？

答：(1) 打开"个人所得税"APP；

(2) 点击【注册】，选择人脸识别认证注册，如实填写身份相关信息，包括：姓名、证照号码，点击"开始人脸识别"按钮后进行拍摄，与后台公安接口比对成功后会跳转到登录设置界面；

（3）设置自己的登录名、密码、手机号（短信校验）完成注册。

注意事项：①登录名长度是8~16位字符，只能包括大小写字母、数字、中文（中文占2个字符）与下划线；②登录名不支持纯数字；③密码应为8到15位，至少包含字母（大小写）、数字与符号中的两种，不能含空格。

问3-182 "个人所得税"APP如何通过注册码注册？

答：（1）自然人须先到就近的办税服务厅申请获取注册码；

（2）打开"个人所得税"APP，点击【注册】，选择注册码认证注册方式，如实填写身份信息，包括：姓名、证照类型、证照号码等，填写的个人信息与公安系统数据进行比对，不可虚假录入；

（3）设置自己的登录名、密码、手机号（短信校验）完成注册，系统对登录名和密码有规则校验，设置完成后即可通过登录名、手机号或身份证号码登录系统，并进行相关业务操作。

注意事项：①登录名长度是8~16位字符，只能包括大小写字母、数字、中文（中文占2个字符）与下划线；②登录名不支持纯数字；③密码应为8到15位，至少包含字母（大小写）、数字与符号中的两种，不能含空格。

问3-183 假如更换了手机号码，如何修改手机号？

答：打开"个人所得税"APP，登录后可通过【个人中心】→【安全中心】→【修改手机号码】修改自然人已绑定的手机号码。有两种验证方式：一是通过原绑定的手机号码收取验证码后重新录入新手机号码；二是通过本人银行卡及银行预留手机经过验证后重新录入新手机号码。

问3-184 如何修改"个人所得税"APP的登录密码？

答：打开"个人所得税"APP，登录后通过【个人中心】→【安全中心】→【修改密码】，在该界面分别录入原密码和新密码保存成功即可。

问 3-185 忘记"个人所得税"APP 登录密码怎么办?

答:忘记密码时,可在"个人所得税"APP 登录界面点击【找回密码】重新设置密码。首先需要填写身份信息,再选择一种可用验证方式,验证通过后,在重置密码页面完成新密码的设置。

问 3-186 "个人所得税"APP 登录密码输错多次后账号被冻结了怎么办?

答:密码输错 3 次,会让其输入图片验证码,密码输错超过 5 次会锁定该自然人账号,24 小时后会自动解锁;您也可以通过首页【忘记密码】功能解锁账号。

问 3-187 个人信息需要填写哪些信息项?需要全部填写完整吗?

答:(1)用户基础信息:系统自动带出,使用居民身份证外的其他证照号码注册,需要填写出生年月、性别。

(2)户籍所在地/现居住地址:需选择省市地区,乡/镇/街道为选填项,手动填写详细地址(如街道、小区、楼栋、单元室等)。

(3)学历和民族:选填项,建议完善。

(4)其他:电子邮箱和境外任职受雇国家默认无,可根据实际情况选填。

(5)税收优惠信息:分为残疾、烈属、孤老三种情形,根据实际情况勾选并上传证件的电子资料。

问 3-188 经常居住地经常变更怎么办?

答:建议实时在系统更新经常居住地地址。

问 3-189 残疾证号忘记了不能保存怎么办?

答:残疾证号为必填项。登录中国残疾人联合会官网 www.cdpf.org.cn/2dzcx,输入姓名、身份证号码,即可查询残疾证编号。

问 3-190 残疾、烈属证填写有什么规定?

答:残疾证号为必填项,并上传证件的电子图片资料,最多不能超过

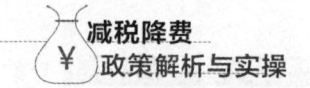

5张。

烈属证号可填可不填，并上传证件的电子图片资料，最多不能超过5张。

问3-191 银行卡可以添加几张？可以添加其他人员的银行卡吗？

答：目前不限制张数。填写的银行卡必须是本人有效身份证件开户，需要输入银行预留手机号进行验证，添加后的银行卡可以进行解绑和设为默认卡的操作。

问3-192 "个人所得税"APP的帮助中心在哪里查看？

答：点击【个人中心】→【帮助】，即可查看APP相关模块内容。

问3-193 "个人所得税"APP和自然人办税服务平台网页的数据会同步吗？

答：两个系统的数据是一致的。

问3-194 "个人所得税"APP卸载后，数据还在吗？

答："个人所得税"APP采集的数据都存储在税务机关的服务器上，属于云存储，卸载手机APP后，手机上的数据会清除，但税务机关服务器上的数据依然都会保留。同一手机再次安装或换了其他手机另行安装"个人所得税"APP，登录依然可以看到登录身份人员原来填报的数据。

问3-195 如何查看"个人所得税"APP版本，如何升级？

答：点击"个人所得税"APP【个人中心】→【关于】查看版本号，APP是自动升级的。

问3-196 自然人办税服务平台网页如何切换账号？

答：登录自然人办税服务平台网页后，点击右上角头像，选择【退出登录】即可切换其他账号进行登录操作。

问3-197 法人和财务负责人在"个人所得税"APP或自然人办税服务平台网页是否可以解除授权？

答：法人和财务负责人是从各省金税三期系统同步过来的，如果当前自然人的身份是某个公司的法人或者财务负责人，若从原公司离职了，那需要去金三税务登记变更功能里面去变更法人或者财务负责人。这样，离职的法人或者财务负责人在任职受雇信息中才会看不到这家公司。

问 3-198 如果在"个人所得税"APP 的任职受雇信息中发现自己当前任职的单位并不在列表中，该如何处理？

答："个人所得税"APP 和自然人办税服务平台网页版中"个人中心"里自动带出的任职受雇信息是根据全国各地各扣缴单位报送的自然人基础信息 A 表形成，只要扣缴单位当前的税务登记状态不为注销或者非正常，而且扣缴单位报送信息中将您标记为在职雇员，就会将该单位显示出来。

如果显示不出来，有可能是您的任职受雇单位没有将您的任职受雇信息报送给主管税务机关或所报送的信息有误，也有可能是您的任职受雇单位在税务机关的登记状态为注销或非正常，或者没有将您的个人信息选择为雇员，或者填写了离职日期。请联系您当前的任职受雇单位财务人员通过扣缴客户端处理。

问 3-199 手机打开"个人所得税"APP 后提示"未连接到网络或未获取网络权限，请检查"，但手机网络正常，能打开网页，该如何解决？

答：可以尝试如下方式解决：

（1）请检查您手机设置中是否对"个人所得税"APP 进行了网络限制。对苹果 iOS 系统手机，常规操作路径如下：先关闭"个人所得税"APP，点击"设置→蜂窝移动网络→个人所得税→勾选 WLAN 与蜂窝移动网"。对安卓系统手机，常规操作路径如下：先关闭"个人所得税"APP，点击"设置→无线和网络→流量管理→应用联网→个人应用中的个人所得税→勾选移动网络和 WIFI"。然后，重新打开"个人所得税"APP。

（2）如果确认网络设置没有问题，可能是网络不稳定所致，请切换到 WIFI 网络环境或稍等片刻再次尝试。

(3) 可以在"个人所得税"APP 的个人中心中,将"工作地或常住地"临时切换到其他省市,等业务办理完成后再切回到实际工作地或常住地。

问 3-200 是否个人通过"个人所得税"APP 填报专项附加扣除信息就不用再报给扣缴单位?

答:目前,居民个人可以通过以下四个渠道填报专项附加扣除信息:

(1) 自行在"个人所得税"APP 填报;

(2) 自行在自然人办税服务平台网页填报;

(3) 自行到税务局办税服务厅填报;

(4) 提交给扣缴单位在扣缴客户端软件填报。

通过前三个任一渠道成功填报的专项附加扣除信息,若填报时指定由某扣缴单位申报的,该扣缴单位可在您提交的第三天后通过扣缴客户端的"下载更新"功能下载到您所填报的信息。您无须再向扣缴单位另行填报。

第四章 地方税种及附加

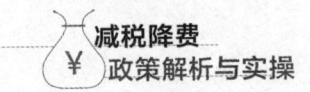

第一节 小微企业普惠性税收优惠

增值税小规模纳税人地方税种和相关附加减征政策

（一）政策依据

（1）《财政部 税务总局 关于实施小微企业普惠性税收减免政策的通知》（财税〔2019〕13号）

（2）《国家税务总局 关于增值税小规模纳税人地方税种和相关附加减征政策有关征管问题的公告》（国家税务总局公告2019年第5号）

（二）主要内容

（1）由省、自治区、直辖市人民政府根据本地区实际情况，以及宏观调控需要确定，对增值税小规模纳税人可以在50%的税额幅度内减征资源税、城市维护建设税、房产税、城镇土地使用税、印花税（不含证券交易印花税）、耕地占用税和教育费附加、地方教育附加。

（2）增值税小规模纳税人已依法享受资源税、城市维护建设税、房产税、城镇土地使用税、印花税、耕地占用税、教育费附加、地方教育附加其他优惠政策的，可叠加享受本通知第三条规定的优惠政策。

（3）缴纳资源税、城市维护建设税、房产税、城镇土地使用税、印花税、耕地占用税、教育费附加和地方教育附加的增值税一般纳税人按规定转登记为小规模纳税人的，自成为小规模纳税人的当月起适用减征优惠。增值税小规模纳税人按规定登记为一般纳税人的，自一般纳税人生效之日起不再适用减征优惠；增值税年应税销售额超过小规模纳税人标准应当登记为一般纳税人而未登记，经税务机关通知，逾期仍不办理登记的，自逾期次月起不再适用减征优惠。

（4）纳税人自行申报享受减征优惠，不需额外提交资料。

（5）纳税人符合条件但未及时申报享受减征优惠的，可依法申请退税或者抵减以后纳税期的应纳税款。

（三）政策解析

为落实《财政部 税务总局 关于实施小微企业普惠性税收减免政策的通知》（财税〔2019〕13号，以下简称《通知》），税务总局发布《关于增值税小规模纳税人地方税种和相关附加减征政策有关征管问题的公告》（国家税务总局公告2019年第5号，以下简称《公告》）。

1. 《公告》出台背景

为贯彻习近平总书记关于减税降费工作的重要指示精神，落实党中央、国务院关于支持小微企业发展的决策部署，财政部、税务总局联合下发了《通知》，明确由省、自治区、直辖市人民政府根据本地区实际情况，以及宏观调控需要确定，对增值税小规模纳税人可以在50%的税额幅度内减征资源税、城市维护建设税、房产税、城镇土地使用税、印花税、耕地占用税和教育费附加、地方教育附加。为确保广大增值税小规模纳税人能够及时、准确、便利享受减征优惠政策，税务总局制发《公告》。

2. 《公告》主要内容

（1）关于申报表的修订。本次共修订资源税、城市维护建设税、房产税、城镇土地使用税、印花税、耕地占用税、教育费附加和地方教育附加涉及的6张表单及填表说明。

一是落实政策要求，补充数据项目。考虑政策落地、便捷识别和计算税款的需要，在资源税、城市维护建设税、印花税、耕地占用税和教育费附加、地方教育附加涉及的4张纳税申报表主表上设置"本期是否适用增值税小规模纳税人减征政策""减征比例""本期增值税小规模纳税人减征额"3个项目。在房产税、城镇土地使用税（以下简称房土税）涉及的2张纳税申报表主表上设置"本期是否适用增值税小规模纳税人减征政策""减征比例""本期增值税小规模纳税人减征额""本期适用增值税小规模纳税人减征政策起始时间"和"本期适用增值税小规模纳税人减征政策终止时间"5个项目。

二是优化表单设计，减轻填报负担。本着减轻纳税人填报负担的原则，科学设计填报项目。上述项目中，"本期是否适用增值税小规模纳税人减征政策"项目为纳税人自主勾选项目。"减征比例"和"本期增值税小规模纳税人减征额"2个项目为系统后台配置和自动生成数据，不需要纳税人填报。房土税纳税申报表主表中"本期适用增值税小规模纳税人减征政策起始时间""本期适用增值税小规模纳税人减征政策终止时间"2个项目为纳税人类别发生变化时需填报项目，不发生变化，则无须填报。

同时，在6张表单的填表说明中对补充数据项目进行了说明，对关联数据项目"本期应补（退）税额"说明进行了相应修改。

（2）关于纳税人类别变化时减征政策适用时间的确定。为避免纳税人和税务机关对纳税人类型发生变化时享受减征优惠的具体时间产生理解歧义，根据《增值税一般纳税人登记管理办法》（国家税务总局令 第43号公布）和《国家税务总局 关于统一小规模纳税人标准等若干增值税问题的公告》（国家税务总局公告2018年第18号），本着有利于纳税人和简化申报的原则，明确了有关规定。

缴纳资源税、城市维护建设税、房产税、城镇土地使用税、印花税、耕地占用税、教育费附加和地方教育附加的增值税一般纳税人按规定转登记为小规模纳税人的，自成为小规模纳税人的当月起适用减征优惠。增值税小规模纳税人按规定登记为一般纳税人的，自一般纳税人生效之日起不再适用减征优惠；增值税年应税销售额超过小规模纳税人标准应当登记为一般纳税人而未登记，经税务机关通知，逾期仍不办理登记的，自逾期次月起不再适用减征优惠。

（3）关于减征优惠办理方式。深入贯彻"放管服"改革要求，减轻纳税人报送资料负担,《公告》规定,本次减征优惠实行自行申报享受方式,不需额外提交资料。纳税人只要在申报表中勾选是否享受增值税小规模纳税人减征政策选项,系统自动计算减征金额,纳税人确认即可。

(4) 关于纳税人未及时享受减征优惠的处理方式。《通知》规定,政策自2019年1月1日起执行。为确保纳税人足额享受减征优惠,《公告》规定,纳税人符合条件但未及时申报享受减征优惠的,可依法申请退税或者抵减以后纳税期的应纳税款。

3. 申报服务

税务机关将根据本次申报表修订情况,进一步升级和优化税收征管系统,通过信息推送、自动计算、自动成表等功能,提高政策落实的精准性、便利性,减轻纳税人的填报负担。

4. 施行时间

《公告》是与《通知》相配套的征管办法,自2019年1月1日起施行。鉴于各省(自治区、直辖市)人民政府确定减征比例的时点不同,《公告》明确,修订的表单自各省(自治区、直辖市)人民政府确定减征比例的规定公布当日正式启用。

(四)实操问答

问 4-1 《财政部 税务总局 关于实施小微企业普惠性税收减免政策的通知》(财税〔2019〕13 号)文件中第三条由省、自治区、直辖市人民政府确定的关于资源税、附加税费、房产税、城镇土地使用税、印花税、耕地占用税的优惠政策何时发布?如何执行?

答:截至2019年2月19日,全国31个省(自治区、直辖市)均已发布地方6税2费减征政策文件,政策自2019年1月1日起执行。

问 4-2 《财政部 国家税务总局 关于扩大有关政府性基金免征范围的通知》(财税〔2016〕12 号)文件规定,月销售额或者营业额不超过10万元的纳税人,免征教育费附加、地方教育附加的政策。《财政部 税务总局 关于实施小微企业普惠性税收减免政策的通知》(财税〔2019〕13 号)文件中第四条中表明相关优惠政策可叠加享受。此种情况如何叠加享受？

答：小规模纳税人符合《财政部 国家税务总局 关于扩大有关政府性基金免征范围的通知》（财税〔2016〕12号）文件规定的，可享受免征教育费附加、地方教育附加的政策，此时教育费附加和地方教育附加为0，不存在与其他优惠政策叠加享受的问题。小规模纳税人在享受其他政策优惠后，还有应纳教育费附加和地方教育附加的，符合《财政部 税务总局 关于实施小微企业普惠性税收减免政策的通知》（财税〔2019〕13号）文件规定的，按照各省、自治区、直辖市人民政府确定的比例享受优惠。

第二节 支持和促进重点群体创业就业

实施支持和促进重点群体创业就业有关税收扣减

（一）政策依据

（1）《财政部 税务总局 人力资源社会保障部 国务院扶贫办 关于进一步支持和促进重点群体创业就业有关税收政策的通知》（财税〔2019〕22号）

（2）《国家税务总局 人力资源社会保障部 国务院扶贫办 教育部 关于实施支持和促进重点群体创业就业有关税收政策具体操作问题的公告》（国家税务总局公告2019年第10号）

（二）主要内容

（1）建档立卡贫困人口、持《就业创业证》（注明"自主创业税收政策"或"毕业年度内自主创业税收政策"）或《就业失业登记证》（注明"自主创业税收政策"）的人员，从事个体经营的，自办理个体工商户登记当月起，在3年（36个月，下同）内按每户每年12000元为限额依次扣减其当年实际应缴纳的增值税、城市维护建设税、教育费附加、地方教育附加和个人所得税。限额标准最高可上浮20%，各省、自治区、直辖市人民政府可根据本地区实际情况在此幅度内确定具体限额标准。

（2）企业招用建档立卡贫困人口，以及在人力资源社会保障部门公共就业服务机构登记失业半年以上且持《就业创业证》或《就业失业登记证》(注明"企业吸纳税收政策")的人员,与其签订1年以上期限劳动合同并依法缴纳社会保险费的,自签订劳动合同并缴纳社会保险当月起,在3年内按实际招用人数予以定额依次扣减增值税、城市维护建设税、教育费附加、地方教育附加和企业所得税优惠。定额标准为每人每年6000元,最高可上浮30%,各省、自治区、直辖市人民政府可根据本地区实际情况在此幅度内确定具体定额标准。城市维护建设税、教育费附加、地方教育附加的计税依据是享受本项税收优惠政策前的增值税应纳税额。

(三)政策解析

1. 出台背景

就业是13亿多人口最大的民生,也是经济发展最基本的支撑。党中央、国务院坚持把就业放在经济社会发展的优先位置。为进一步支持和促进重点群体创业就业,财政部、税务总局、人力资源社会保障部、国务院扶贫办联合印发了《关于进一步支持和促进重点群体创业就业有关税收政策的通知》(财税〔2019〕22号),调整和完善了相关政策内容:

(1)提高扣减标准。将登记失业半年以上的人员,零就业家庭、享受城市居民最低生活保障家庭劳动年龄内的登记失业人员,高校毕业生,农村建档立卡贫困人口等重点群体从事个体经营扣减税款的标准由每户每年8000元提高到每户每年12000元。将企业招用重点群体人员扣减标准由每人每年4000元提高到每人每年6000元。

(2)取消行业限制。将享受优惠的招用重点群体就业企业的行业范围由商贸企业、服务型企业、劳动就业服务企业中的加工型企业和街道社区具有加工性质的小型企业实体,放宽到所有增值税纳税人或企业所得税纳税人的企业等单位,为各市场主体吸纳就业提供统一的税收政策。

2. 享受优惠政策方式

《公告》明确了个体经营和企业招用重点群体适用税收优惠政策的方式:

(1)个体经营享受税收优惠。建档立卡贫困人口从事个体经营的,自行申报纳税并享受税收优惠。

登记失业半年以上的人员,零就业家庭、城市低保家庭的登记失业人员,以及毕业年度内高校毕业生,可持《就业创业证》(或《就业失业登记证》,下同)、个体工商户登记执照(未完成"两证整合"的还须持《税务登记证》)向创业地县以上(含县级,下同)人力资源社会保障部门提出申请。符合条件的人员从事个体经营的,自行申报纳税并享受税收优惠。

(2)企业吸纳重点群体就业享受税收优惠。享受招用重点群体就业税收优惠政策的企业,向县以上人力资源社会保障部门递交申请。人力资源社会保障部门经核实后:对持有《就业创业证》的重点群体,在其《就业创业证》上注明"企业吸纳税收政策";对符合条件的企业核发《企业吸纳重点群体就业认定证明》。

符合条件的企业自行申报纳税并享受税收优惠。

3. 管理方式

《公告》将优惠政策管理方式由备案改为备查:建档立卡贫困人口从事个体经营享受优惠的,直接向主管税务机关申报纳税时享受优惠,无备查材料留存;登记失业半年以上的人员,零就业家庭、享受城市居民最低生活保障家庭劳动年龄内的登记失业人员,高校毕业生从事个体经营享受优惠的,留存《就业创业证》备查;招用重点群体就业的企业享受优惠的,留存《就业创业证》《企业吸纳重点群体就业认定证明》《重点群体人员本年度实际工作时间表》备查。

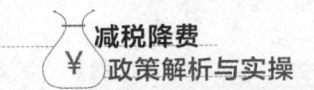

第三节 城镇土地使用税

一、物流企业大宗商品仓储设施用地

（一）政策依据

《财政部 税务总局 关于继续实施物流企业大宗商品仓储设施用地城镇土地使用税优惠政策的通知》（财税〔2017〕33号）

（二）主要内容

自2017年1月1日起至2019年12月31日止，对物流企业自有的（包括自用和出租）大宗商品仓储设施用地，减按所属土地等级适用税额标准的50%计征城镇土地使用税。

二、物流企业承租用于大宗商品仓储设施

（一）政策依据

《财政部 税务总局 关于物流企业承租用于大宗商品仓储设施的土地城镇土地使用税优惠政策的通知》（财税〔2018〕62号）

（二）主要内容

自2018年5月1日起至2019年12月31日止，对物流企业承租用于大宗商品仓储设施的土地，减按所属土地等级适用税额标准的50%计征城镇土

使用税。

三、供热企业城镇土地使用税优惠

（一）政策依据

《财政部 国家税务总局 关于供热企业增值税 房产税 城镇土地使用税优惠政策的通知》（财税〔2016〕94号）

（二）主要内容

自2016年1月1日至2018年12月31日，对向居民供热而收取采暖费的供热企业，为居民供热所使用的厂房及土地免征房产税、城镇土地使用税；对供热企业其他厂房及土地，应当按规定征收房产税、城镇土地使用税。

四、科技企业孵化器 大学科技园和众创空间税收政策

（一）政策依据

《财政部 税务总局 科技部 教育部 关于科技企业孵化器 大学科技园和众创空间税收政策的通知》（财税〔2018〕120号）

（二）主要内容

自2019年1月1日至2021年12月31日，对国家级、省级科技企业孵化器、大学科技园和国家备案众创空间自用以及无偿或通过出租等方式提供给在孵对象使用的房产、土地，免征房产税、城镇土地使用税。

五、去产能和调结构

（一）政策依据

《财政部 税务总局 关于去产能和调结构房产税 城镇土地使用税政策的通知》（财税〔2018〕107号）

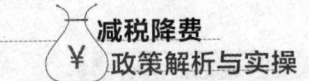

（二）主要内容

对按照去产能和调结构政策要求停产停业、关闭的企业，自停产停业次月起，免征房产税、城镇土地使用税。企业享受免税政策的期限累计不得超过两年。

第四节 房产税

一、科技企业孵化器、大学科技园和众创空间税收政策

（一）政策依据

《财政部 税务总局 科技部 教育部 关于科技企业孵化器 大学科技园和众创空间税收政策的通知》（财税〔2018〕120号）

（二）主要内容

自2019年1月1日至2021年12月31日，对国家级、省级科技企业孵化器、大学科技园和国家备案众创空间自用以及无偿或通过出租等方式提供给在孵对象使用的房产、土地，免征房产税、城镇土地使用税。

二、高校学生公寓房产税政策

（一）政策依据

《财政部 税务总局 关于高校学生公寓房产税 印花税政策的通知》（财税〔2019〕14号）

（二）主要内容

对高校学生公寓免征房产税。

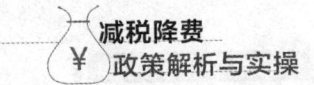

三、去产能和调结构

（一）政策依据

《财政部 税务总局 关于去产能和调结构房产税 城镇土地使用税政策的通知》（财税〔2018〕107 号）

（二）主要内容

对按照去产能和调结构政策要求停产停业、关闭的企业，自停产停业次月起，免征房产税、城镇土地使用税。企业享受免税政策的期限累计不得超过两年。

第五节 印花税

一、高校学生公寓印花税

（一）政策依据

《财政部 税务总局 关于高校学生公寓房产税 印花税政策的通知》（财税〔2019〕14号）

（二）主要内容

对与高校学生签订的高校学生公寓租赁合同，免征印花税。

二、营业账簿减免印花税

（一）政策依据

《财政部 税务总局 关于对营业账簿减免印花税的通知》（财税〔2018〕50号）

（二）主要内容

自2018年5月1日起，对按万分之五税率贴花的资金账簿减半征收印花税，对按件贴花五元的其他账簿免征印花税。

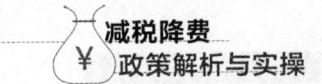

三、农村集体产权制度改革有关税收政策

（一）政策依据

《财政部 税务总局 关于支持农村集体产权制度改革有关税收政策的通知》（财税〔2017〕55号）

（二）主要内容

对因农村集体经济组织以及代行集体经济组织职能的村民委员会、村民小组进行清产核资收回集体资产而签订的产权转移书据，免征印花税。

四、支持小微企业融资有关印花税税收政策

（一）政策依据

《财政部 税务总局 关于支持小微企业融资有关税收政策的通知》（财税〔2017〕77号）

（二）主要内容

自2018年1月1日至2020年12月31日，对金融机构与小型企业、微型企业签订的借款合同免征印花税。

第六节 契 税

一、农村集体产权制度改革有关税收政策

（一）政策依据

《财政部 税务总局 关于支持农村集体产权制度改革有关税收政策的通知》（财税〔2017〕55号）

（二）主要内容

（1）对进行股份合作制改革后的农村集体经济组织承受原集体经济组织的土地、房屋权属，免征契税。

（2）对农村集体经济组织以及代行集体经济组织职能的村民委员会、村民小组进行清产核资收回集体资产而承受土地、房屋权属，免征契税。

（3）对农村集体土地所有权、宅基地和集体建设用地使用权及地上房屋确权登记，不征收契税。

二、支持企业 事业单位改制重组有关契税政策

（一）政策依据

《财政部 税务总局 关于继续支持企业 事业单位改制重组有关契税政策的通知》（财税〔2018〕17号）

（二）主要内容

1. 企业改制

企业按照《中华人民共和国公司法》有关规定整体改制，包括非公司制企业改制为有限责任公司或股份有限公司，有限责任公司变更为股份有限公司，股份有限公司变更为有限责任公司，原企业投资主体存续并在改制（变更）后的公司中所持股权（股份）比例超过75%，且改制（变更）后公司承继原企业权利、义务的，对改制（变更）后公司承受原企业土地、房屋权属，免征契税。

2. 事业单位改制

事业单位按照国家有关规定改制为企业，原投资主体存续并在改制后企业中出资（股权、股份）比例超过50%的，对改制后企业承受原事业单位土地、房屋权属，免征契税。

3. 公司合并

两个或两个以上的公司，依照法律规定、合同约定，合并为一个公司，且原投资主体存续的，对合并后公司承受原合并各方土地、房屋权属，免征契税。

4. 公司分立

公司依照法律规定、合同约定分立为两个或两个以上与原公司投资主体相同的公司，对分立后公司承受原公司土地、房屋权属，免征契税。

5. 企业破产

企业依照有关法律法规规定实施破产，债权人（包括破产企业职工）承受破产企业抵偿债务的土地、房屋权属，免征契税；对非债权人承受破产企业土地、房屋权属，凡按照《中华人民共和国劳动法》等国家有关法律法规政策规定妥善安置原企业全部职工，与原企业全部职工签订服务年限不少于三年的劳动用工合同的，对其承受所购企业土地、房屋权属，免征契税；与原企业超过30%的职工签订服务年限不少于三年的劳动用工合同的，减半征收契税。

6. 资产划转

对承受县级以上人民政府或国有资产管理部门按规定进行行政性调整、划转国有土地、房屋权属的单位，免征契税。

同一投资主体内部所属企业之间土地、房屋权属的划转,包括母公司与其全资子公司之间,同一公司所属全资子公司之间,同一自然人与其设立的个人独资企业、一人有限公司之间土地、房屋权属的划转,免征契税。

母公司以土地、房屋权属向其全资子公司增资,视同划转,免征契税。

7. 债权转股权

经国务院批准实施债权转股权的企业,对债权转股权后新设立的公司承受原企业的土地、房屋权属,免征契税。

8. 划拨用地出让或作价出资

以出让方式或国家作价出资(入股)方式承受原改制重组企业、事业单位划拨用地的,不属上述规定的免税范围,对承受方应按规定征收契税。

9. 公司股权(股份)转让

在股权(股份)转让中,单位、个人承受公司股权(股份),公司土地、房屋权属不发生转移,不征收契税。

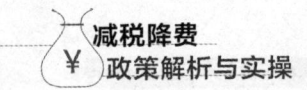

第七节 土地增值税

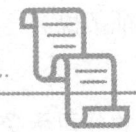

继续实施企业改制重组有关土地增值税优惠

（一）政策依据

《财政部 税务总局 关于继续实施企业改制重组有关土地增值税政策的通知》（财税〔2018〕57号，以下简称《通知》）

（二）主要内容

（1）按照《中华人民共和国公司法》的规定，非公司制企业整体改制为有限责任公司或者股份有限公司，有限责任公司（股份有限公司）整体改制为股份有限公司（有限责任公司），对改制前的企业将国有土地使用权、地上的建筑物及其附着物（以下称房地产）转移、变更到改制后的企业，暂不征土地增值税。

《通知》所称整体改制是指不改变原企业的投资主体，并承继原企业权利、义务的行为。

（2）按照法律规定或者合同约定，两个或两个以上企业合并为一个企业，且原企业投资主体存续的，对原企业将房地产转移、变更到合并后的企业，暂不征土地增值税。

（3）按照法律规定或者合同约定，企业分设为两个或两个以上与原企业投资主体相同的企业，对原企业将房地产转移、变更到分立后的企业，暂不征土地增值税。

（4）单位、个人在改制重组时以房地产作价入股进行投资，对其将房地产转移、变更到被投资的企业，暂不征土地增值税。

（5）上述改制重组有关土地增值税政策不适用于房地产转移任意一方为房地产开发企业的情形。

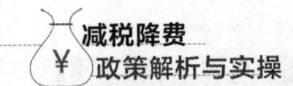

第八节 教育费附加、地方教育附加

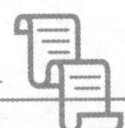

扩大有关政府性基金免征范围的通知

（一）政策依据

《财政部 国家税务总局 关于扩大有关政府性基金免征范围的通知》（财税〔2016〕12号）

（二）主要内容

将免征教育费附加、地方教育附加、水利建设基金的范围，由现行按月纳税的月销售额或营业额不超过3万元（按季度纳税的季度销售额或营业额不超过9万元）的缴纳义务人，扩大到按月纳税的月销售额或营业额不超过10万元（按季度纳税的季度销售额或营业额不超过30万元）的缴纳义务人。

第九节 其他相关减税政策

国务院常务会议（2019.3.20）决定

（一）延续2018年执行到期的公共租赁住房税收优惠

（1）对公共租赁住房建设期间用地及公共租赁住房建成后占地免征城镇土地使用税。在其他住房项目中配套建设公共租赁住房，依据政府部门出具的相关材料，按公共租赁住房建筑面积占总建筑面积的比例免征建设、管理公共租赁住房涉及的城镇土地使用税。

（2）对公共租赁住房经营管理单位免征建设、管理公共租赁住房涉及的印花税。在其他住房项目中配套建设公共租赁住房，依据政府部门出具的相关材料，按公共租赁住房建筑面积占总建筑面积的比例免征建设、管理公共租赁住房涉及的印花税。

（3）对公共租赁住房经营管理单位购买住房作为公共租赁住房，免征契税、印花税；对公共租赁住房租赁双方免征签订租赁协议涉及的印花税。

（4）对企事业单位、社会团体以及其他组织转让旧房作为公共租赁住房房源，且增值额未超过扣除项目金额20%的，免征土地增值税。

（5）对公共租赁住房免征房产税。

（6）享受上述税收优惠政策的公共租赁住房是指纳入省、自治区、直辖市、计划单列市人民政府及新疆生产建设兵团批准的公共租赁住房发展规划和年度计划，并按照《关于加快发展公共租赁住房的指导意见》（建保〔2010〕

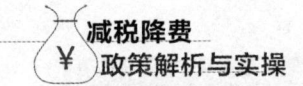

87号)和市、县人民政府制定的具体管理办法进行管理的公共租赁住房。

(二)延续 2018 年执行到期的农村饮水安全工程建设运营税收优惠

(1)对饮水工程运营管理单位为建设饮水工程而承受土地使用权,免征契税。

(2)对饮水工程运营管理单位为建设饮水工程取得土地使用权而签订的产权转移书据,以及与施工单位签订的建设工程承包合同免征印花税。

(3)对饮水工程运营管理单位自用的生产、办公用房产、土地,免征房产税、城镇土地使用税。

(4)所称饮水工程,是指为农村居民提供生活用水而建设的供水工程设施;所称饮水工程运营管理单位,是指负责饮水工程运营管理的自来水公司、供水公司、供水(总)站(厂、中心)、村集体、农民用水合作组织等单位。

对于既向城镇居民供水,又向农村居民供水的饮水工程运营管理单位,依据向农村居民供水收入占总供水收入的比例免征增值税,依据向农村居民供水量占总供水量的比例免征契税、印花税、房产税和城镇土地使用税。无法提供具体比例或所提供数据不实的,不得享受上述税收优惠政策。

第五章 非税收入

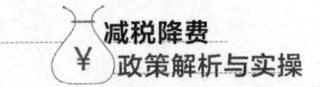

一、娱乐服务业未达到增值税起征点免征文化事业建设费

（一）政策依据

《财政部 国家税务总局 关于营业税改征增值税试点有关文化事业建设费政策及征收管理问题的补充通知》（财税〔2016〕60号）

（二）主要内容

娱乐服务业，未达到增值税起征点的缴纳义务人，免征文化事业建设费。

（三）实操问答

问5-1 《财政部国家税务总局 关于营业税改征增值税试点有关文化事业建设费政策及征收管理问题的补充通知》（财税〔2016〕60号）第三条规定，未达到增值税起征点的缴纳义务人，免征文化事业建设费。这里的起征点金额是多少？是否按照财税〔2019〕第4号公告提高到月不超过10万元（季30万元）？

答：增值税起征点，按照《中华人民共和国增值税暂行条例实施细则》和《营业税改征增值税试点实施办法》执行。

二、广告服务业增值税小规模纳税人中月销售额不超过2万元免征文化事业建设费

（一）政策依据

《财政部 国家税务总局 关于营业税改征增值税试点有关文化事业建设费政策及征收管理问题的通知》（财税〔2016〕25号）

（二）主要内容

广告服务业，增值税小规模纳税人中月销售额不超过2万元（按季纳税6万元）的企业和非企业性单位提供的应税服务，免征文化事业建设费。

三、扩大残疾人就业保障金免征范围，降低残疾人就业保障金征收标准上限

（一）政策依据

（1）《财政部 关于取消、调整部分政府性基金有关政策的通知》（财税〔2017〕18号）

（2）《财政部 关于降低部分政府性基金征收标准的通知》（财税〔2018〕39号）

（二）主要内容

（1）扩大残疾人就业保障金免征范围。将残疾人就业保障金免征范围，由自工商注册登记之日起3年内，在职职工总数20人（含）以下小微企业，调整为在职职工总数30人（含）以下的企业。调整免征范围后，工商注册登记未满3年、在职职工总数30人（含）以下的企业，可在剩余时期内按规定免征残疾人就业保障金。

（2）自2018年4月1日起，将残疾人就业保障金征收标准上限，由当地社会平均工资的3倍降低至2倍。其中，用人单位在职职工平均工资未超过当地社会平均工资2倍（含）的，按用人单位在职职工年平均工资计征残疾人就业保障金；超过当地社会平均工资2倍的，按当地社会平均工资2倍计征残疾人就业保障金。

四、降低社会保险费率

（一）政策依据

2019年3月26日国务院常务会议决定。

（二）主要内容

（1）从5月1日起，各地可将城镇职工基本养老保险单位缴费比例从原规

定的20%降至16%。

（2）核定调低社保缴费基数。各地由过去依据城镇非私营单位在岗职工平均工资，改为以本省城镇非私营单位和私营单位加权计算的全口径就业人员平均工资，核定缴费基数上下限，使缴费基数降低。个体工商户和灵活就业人员可在本省平均工资60%～300%之间自愿选择缴费基数。

（3）将阶段性降低失业和工伤保险费率政策再延长一年，至2020年4月底。其中，工伤保险基金累计结余可支付月数在18至23个月的统筹地区可将现行费率再下调20%，可支付月数在24个月以上的可下调50%。

（4）各地不得采取任何增加小微企业实际缴费负担的做法，不得自行对历史欠费进行集中清缴，确保职工社保待遇不受影响、养老金按时足额发放。

附　录

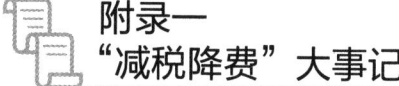
附录一
"减税降费"大事记

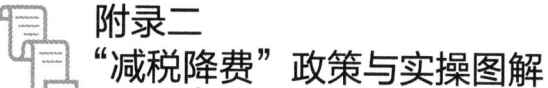
附录二
"减税降费"政策与实操图解

附 录

附录一
"海盗海盗" 大事记

附录二
"海盗海盗" 政策出台情况